“十二五”国家重点图书 · 当代经济与管理跨学科新著丛书

Construction of City Exhibition Economy System and City Development in China

中国城市会展经济系统建构与城市发展

叶 凯 著

哈爾濱工業大學出版社

内容提要

随着我国市场经济体制的逐步建立和完善，城市会展作为一种新型经济形态，在加强贸易往来与信息交流、促进城市经济建设与产业结构调整中发挥了重要作用。但是在全球市场竞争日趋激烈的背景下，我国城市会展经济发展存在很多误区，面临着严峻挑战。如何整合城市资源，为实现城市会展经济的科学发展和可持续发展创造有利的环境，是现阶段亟需解决的重要现实问题。

本书共7章，主要内容包括：城市会展经济发展与研究现状、城市会展与城市经济基本理论、城市会展经济系统建构、城市会展经济系统的因果关系与协整关系分析、城市会展经济系统耗散结构与发展模式研究、会展需求结构突变检验与实证分析、城市会展经济系统仿真分析等。

本书可供城市建设、会展经济管理、对外经济贸易相关政策部门及研究人员参考，也可作为高校相关专业教学参考书。

图书在版编目(CIP)数据

中国城市会展经济系统建构与城市发展/叶凯著. —哈尔滨：哈尔滨工业大学出版社，2013.6

"十二五"国家重点图书

ISBN 978-7-5603-3880-4

Ⅰ.①中… Ⅱ.①叶… Ⅲ.①展览会-产业发展-研究-中国 Ⅳ.①G245

中国版本图书馆 CIP 数据核字(2012)第 299147 号

责任编辑　田新华
封面设计　卞秉利
出版发行　哈尔滨工业大学出版社
社　　址　哈尔滨市南岗区复华四道街 10 号　邮编 150006
传　　真　0451-86414749
网　　址　http://hitpress.hit.edu.cn
印　　刷　黑龙江省教育厅印刷厂
开　　本　787mm×960mm　1/16　印张 12　字数 200 千字
版　　次　2013 年 6 月第 1 版　2013 年 6 月第 1 次印刷
书　　号　ISBN 978-7-5603-3880-4
定　　价　45.00 元

前　言

随着我国市场经济体制的逐步建立和完善，城市会展作为一种新型经济形态，在加强贸易往来与信息交流，促进城市经济建设与产业结构调整中发挥了重要作用。但是在全球市场竞争日趋激烈的背景下，我国城市会展经济发展存在很多误区，面临着严峻挑战。如何整合城市资源，为实现城市会展经济的科学发展和可持续发展创造有利的环境，是现阶段亟需解决的重要现实问题。

目前，国内外关于会展的研究多是从短期、静态角度出发，针对会展城市营销、会展参与者动机、制度政策作用等方面所进行的独立、分散的研究，缺少长期、动态和系统性研究，尚未形成统一完整的理论体系和完备的实证研究框架，仍处于规律探索阶段，许多理论和实践问题无法得到有效解决，研究的方法和手段需要进一步丰富和完善。城市会展与城市经济存在互动关系，以往研究者没有予以重视，因此，作者力求将城市会展与城市经济相结合，搭建一个较为系统的城市会展经济研究的理论框架和平台，从而为城市会展领域的进一步研究提供理论支持。依据这一主线，本书综合运用多种理论和方法，围绕我国城市会展经济运行的客观实际进行了深入研究和探索，力求能够为城市会展管理者、决策者和实践者提供有益的支持和借鉴。

本书首先构建了城市会展经济系统的理论分析框架，对城市会展经济系统的概念范围作出了界定，从外部环境和内部环境两方面剖析了影响城市会展经济系统运行的主要因素。利用动态计量经济学原理在多变量协整检验和格兰杰因果关系检验框架下，以中国进出口商品交易会为案例，对城市会展与城市经济相互作用机理进行了实证研究，揭示了城市会展与城市产业结构之间的因果关系和协整关系，构建了城市会展与城市经济增长的中期均衡方程和短期波动方程，得到了城市会展的需求量、成交额与城市服务业产出、工业产出之间的数量影响关系，确定了决定系统运行状态的关键变量，发现了系统的涌现性特征，揭示了城市会展与城市经济之间存在非线性互动关系。

在进一步研究城市会展与城市经济的非线性互动关系过程中，利用耗散结构理论以非线性最小二乘法为检验工具发现会展需求量与农业、服务业产出长期趋势服从逻辑斯蒂映射方程，会展需求存在耗散结构分岔。据此，建立了包括资源、政策、市场、空间、时间和技术的6要素模型，对城市会展的主要发展模式进行了分析、补充和完善。利用带有结构突变的内生性单位根检验方法对会展需求进行结构突变检验，揭示了改革开放政策的实施是会展需求从随机无序增长进入稳定有序的耗散结构分支的根本原因。在国家统制型封闭式保护贸易政策下，政府主导的空间型发展模式是随机趋势不平稳过程，在向市场型开放式自由贸易政策转变过程中，市场主导的效率型发展模式是带有结构突变的间断趋势平稳过程。

依据耗散结构理论演绎了城市会展经济系统的动力学方程的一般结构形式，提出了决定系统运行状态的6个重要评价指标。推导和论证了城市会展经济系统的结构稳定性条件，提出了识别系统运行模式的方法，发现了城市会展经济系统的复杂性。利用广州市1996~2006年的数据进行了系统仿真分析，结合仿真系统的未来演化信息，对城市会展经济系统的薄弱环节提出了改善的政策建议。

本书是在作者博士学位论文的基础上加以补充修改而成的。在撰写过程中得到了哈尔滨工业大学管理学院许多老师和博士生同学的关心和帮助，在此谨对他们致以衷心的感谢。国内关于城市会展经济这一领域的实证研究尚处于探索阶段，由于本人学识有限，书中难免有不妥甚至错误之处，恳请读者批评指正。

叶　凯

2012年12月于哈尔滨

目　录

Contents

第一章 绪 论

第一节 研究背景及问题提出

一、研究背景

会展经济是一个国家或地区服务业发展到一定阶段出现的经济形态。会展具有信息传播功能、经济辐射功能、文化教育功能和人文体验功能[1]。发达国家的经济发展历史表明，在城市工业化完成以后，新型第三产业，尤其是现代服务业占GDP的比重也将上升到60%～70%。国家统计局的统计数据显示，2008年国内生产总值的内部构成中第一、第二、第三产业增加值占国内生产总值的比重分别为11.3%、48.6%、40.1%，与发达国家还存在明显差距，这在一定程度上为中国会展经济的未来发展提供了空间。因此，城市会展经济发展具有很大的潜力。从20世纪末开始，随着经济的高速发展，我国的产业结构发生了重大调整，经济增长方式从粗放型向集约型转变。会展经济呈现高速增长的态势，每年平均增长速度达20%[2]，成为国民经济新的增长点。在这一过程中，特别值得骄傲的是2008年北京奥运会和2010年上海世博会的成功申办与举行，吸引了全球关注的目光。

会展业是一个关联性极强的现代服务业，它在国际上被冠以"城市面包"、"经济晴雨表"的美誉[3]。会展经济同体验经济、创意产业、情感消费等业态一样成为超越传统第三产业的新的增长亮点[4]。会展经济、旅游经济、房地产经济并称为三大无烟经济，发达国家都对此予以高度重视。

随着近年我国经济的快速发展，对外贸易交往持续扩大，很多城市已初步完成了工业化改造，各种会展活动越来越频繁地出现在经济生活中。尽管2007年美国次贷危机引发的国际金融危机逐步向实体经济扩散,对中国经济造成了很大影响,但中国会展经济发展规模仍总体稳定[5],中国会展业在受到明显冲击的同时,也迎来了新的发展机遇[6]。

现代会展被经济学家称为"城市经济的拉力器"。城市会展经济的发达程度明显依赖于城市基础建设和服务业发展的水平[7]。从城市发展角度看,会展经济能汇聚强大的信息流、技术流、商品流和人才流[8],进而对一个城市或地区的经济和社会进步产生巨大的拉动效应[9]。因此,将城市会展经济作为一个复杂系统,对其整体特性进行研究,有利于建立合理的组织管理体系,有利于城市产业结构调整,同时也有利于积极为城市会展经济的发展创造健康良好的外部环境[10]。

二、问题提出

城市会展与城市经济存在很强的互动效应[11],在贸易往来、技术交流、信息沟通等方面作用突出,受到世界各国普遍关注。进入 21 世纪,经济全球化、一体化的趋势越来越明显,现代会展作为一个新兴行业在我国呈现高速增长态势。会展产业关联度高,具有规模经济和正外部性特征,根据世界会展发达国家经验,会展对城市经济拉动效应大约为 1:9[12],因此,国内许多城市都将其作为重要产业优先发展。城市会展与城市经济发展存在着相互依存、相互促进的辩证关系[13],共同构成一个相互作用的复杂经济系统。会展规模的扩大会促进城市经济增长,反过来,城市经济发展状况又是会展健康发展的基础。会展具有明显的空间特性,设施先进的会展场馆是国际展览业协会(UFI)对一个地区发展成为会展城市提出的基本条件之一。会展场馆建设有投资规模大、容积率低、建设投资回收期长等特点。城市大型会展场馆建设通过土地资源的供给和容易"搭便车"的正外部性而影响城市房地产市场。地方政府在大力发展城市会展业的过程中容易陶醉于城市短期的经济繁荣,而忽略了其潜在的长期风险。因此,借鉴发达国家的理论研究成果和实践经验,结合我国会展业的实际情况进行实证研究,客观地评价会展对举办地经济发展的影响,探索我国城市会展业发展的基本规律,全面地认识城市会展与城市经济增长的关系,对城市会展经济的现状作出客观评价,为处于不同发展阶段的城市选择正确的发展模式,是目前面临的紧迫任务。

随着知识经济和信息技术的迅速发展，跨国公司为了拓展新兴市场，向他国进行经济渗透已成为许多集团公司和企业发展的目标。在这种背景下，集商品展示、交易和经济、技术、文化交流为一体的各种会议与展览蓬勃发展，现代会展成为贸易扩大、市场拓展的探路者和先行者。我国市场的进一步对外开放，城市化进程的不断加快是会展业规模不断扩大、产业体系基本形成、行业地位逐渐凸现的重要原因之一。随着我国对外开放领域进一步扩大，国外著名会展公司先后进入国内市场。我国会展业面临着巨大冲击，优化结构、科学发展、可持续发展成为研究我国会展产业发展的重要问题。我国市场经济正处于一个关键时期，经济结构转型和战略调整初见成效。在产业结构升级过程中，为了吸取世界各国先进的科学技术和研究成果，社会各界更需要开展广泛的交流与贸易合作，这种内在需求促进了城市会展活动的快速发展。许多城市将会展业作为影响城市全局利益的重要产业来发展，根源在于会展业会对一个城市或地区的经济产生巨大的拉动效应。但是由于缺乏系统的科学理论指导，很多城市在组织会展活动、兴建会展场馆、保障会展服务等方面存在一定的误区，以致会展业长期维持低效运行，未能发挥其应有的作用。因此，认识和把握城市会展经济发展的长期运行规律，创造适合城市会展经济发展的外部环境，优化城市产业结构是研究我国城市会展经济发展的重要问题。

第二节　研究目的及意义

一、研究目的

本书的研究目的有 4 个：

(1)探索和揭示城市会展经济发展变化的基本规律。

(2)为城市会展经济各参与主体出正确的决策提供依据。

(3)构建会展经济系统的实证研究框架。

(4)对城市会展经济的未来发展方向作出预测。

二、研究意义

(一)理论意义

首次尝试以系统科学的观点,将城市会展经济从复杂系统的角度来研究其发展与演化,为会展经济研究提供了一个新的思路,构建了一个较为系统的理论研究框架和平台。通过协整分析和因果关系分析、耗散结构分析、结构突变分析,建立系统动力学方程仿真来认识和把握城市会展与城市经济发展之间的相互关系和变化规律,从而为管理者的政策选择和科学决策提供理论支持。

(二)现实意义

城市经济由传统的工业经济向现代的服务经济转化过程中,会展活动在经济生活中的重要作用日益凸显。本书的研究有利于解决产业结构调整过程中城市会展经济出现的盲目性问题,为会展经济的管理者科学决策提供理论支持,为会展经济的实践者提供有益借鉴,为政府制定会展产业政策提供依据,具有重大现实意义和重要参考价值。

第三节　国内外会展经济研究现状及评述

一、国外会展经济研究现状

国外对会展经济理论研究起步于20世纪中叶,发展也相对比较成熟[14]。Ruckhers G出版的《Discussing the Exhibition》是已知最早研究展览的专著,会展由此开始被视为一种鼓舞公众兴趣、促进生产、发展贸易,并对各方产生持久利益的社会经济行为。1954年Templeton J M在《Show and Exhibition for Businessmen. Kingswood/Survey》一书中详述了贸易博览会的发展历史及展出原因。1961年Franck Klaus在《Exhibition a Survey of International Designs》中,第一次指出展览的意义以及展览设计、成本控制、客户关系、效果评估之间的相互关系,成为会展方面第一部较为系统的著作。1982年Hanlon A在出版的《Trades Shows in the Marketing Mix》中将博览会作为一种有效的营销工具,更深入地阐述了贸易展会的发展渊源、展览意义、展出动因、成本控制、效果评估等,为会展理论研究和实际操作奠定了基础。1991 年 Christine Christman 针对会展筹备和运作管理进行了详细的论述和系统研究,成为当时内容最齐全的展览实务专著。因其在该书中倡导建立长期目的并确立目标市场,奠定了其在会展理论界的权威地位。美国国际特殊活动学会主席 Joe Goldblatt 博士对会展的全流程管理进行了充分的阐述,先后出版了“特殊事件”系列著作,是当前会展管理的经典论著。国外关于会展方面的刊物较丰富,其中,国际展览协会主办的《博览会和展览会》,德国发行的《国际贸易展览会名录》、《会议行业》等影响力较大,但这些刊物大都是展会信息发布为主,在深入研究方面做得比较欠缺[15]。

国外会展学术研究的内容相当宽泛,根据研究角度不同大致分为 5 大领域。第 1 个领域是关于会展对举办地经济影响的问题研究,这也是一个热点问题;第 2 个领域是关于会展举办地的形象(竞争力)评价和会展参与者(专业观众)选择决策过程的研究;第 3 个领域是关于会展目的地管理和营销策略的研究;第 4 个领域是关于实体会展与虚拟会展的关系问题的研究;第 5 个领域是关于会展举办地居民的反应和感知的研究。李旭、马耀峰对国外会展学术研究领域的最新发展动态作出了全面的综述[16]。

会展对举办地经济的影响是长期以来一直困扰着西方学者的重要问题,会展对城市经济的影响远比会展本身要大[17]。实证中以投入产出模型(Input Output Model)应用最为普遍[18]。Braun 首次尝试运用投入产出模型法,测算了会展业对美国佛罗里达州奥兰多市经济的全面影响,认为会展对酒店、旅游、零售、对外贸易、餐饮、娱乐、交通等相关产业均有直接影响。Hiller 从概念框架出发提出了互动机会模型,论证了互利如何改变会展与城市关系[19]。Johnson 和 O’Halloran 分析和测算了 1996 年在澳大利亚悉尼举办的奥运会对酒店、航空、零售、旅游等带来的整体影响,指出会展产业在城市、区域经济发展方面具有的特殊地位及作用[20]。Kim 等分析了会展活动产生可观经济效益的原因,认为前人研究成果很大程度上低估了会展业对城市或地区的经济影响,利用投入产出模型估算了会展活动对韩国经济的全面影响后,得到的结论是:会展业具有高产出特征,对区域经济发展的促进作用显著[21]。可计算一般均衡(Computable General Equilibrium)模型是另一种分析会展活动对城市(地区)的经济影响的有效方法。Dwyer 等人运用可计算一般均衡模型分析探讨了特殊事件对主办地经济的影响[22~23]。不同学者在应用投入产出模型评估会展对举办地经济影响时所选择的变量存在较大分歧。Tyrell 认为把总销售额作为事件的直接影响是不正确的[24]。Crompton 等人认为应剔除当地居民、过境者、偶然来到的人,来归因于事件的开支[25]。Gelan 认为当地居民的参加也是受事件影响的,理应作为直接开支的一部分[26]。Kaisimati 则把新注入资金对举办地的整体影响分解为 3 类:直接影响、间接影响和诱导影响[27]。Lee 和 Taylor 在评价 2002 年韩国世界杯的经济影响时也认为应剔除会展无关者的影响[28]。一些学者则对该模型提出了质疑。Kaisimati 利用该模型先进行"事前"预测,然后与"事后"实际数据作对比后,分析结果表明,两者差异很大。Dwyer 等人应用可计算一般均衡模型与投入产出模型分别估计事件对举办地的经济影响,然后进行对比,认为前者比后者总体上要好,因为投入产出分析没有提供有关特殊事件对经济影响的准确信息。Dwyer 等人认为投入产出模型完全没有考虑会展与城市产业之间的互动关系,忽略了事件对举办地经济增长的制约作用,因而夸大了对举办地生产总值和就业的影响,这与 Kim 等人的判断极为矛盾,因为后者认为投入产出估计要比实际低。同时,Dwyer 等人也强调指出,CGE 模型与 I－O 模型对举办地经济影响的估计都是不全面的。另外值得注意的是,CGE 模型的致命缺陷在于它是静态比较分析模型,不能用于预测。

对会展目的地选择(选址)问题国外学者研究较为深入,这一领域的文献相对丰富。20 世纪 70 年代,Alkjaer,Fortin,Ritchie,McCleary 等人开始了对会展举办地选址问题的早期探索[29~31]。80 年代,Pizam,Manning,Var,Cesario,Mauser,Renaghan,Kay 等人进一步开拓了研究范围并建立了一些较为有效的会展目的地选择的评价模型[32~34]。90 年代,会展举办地选址问题受到学者们高度关注,出现了大批优秀科研成果[35~47]。进入 21 世纪,该领域研究略有降温,Crouch,Louviere,Zhang,Leung,Qu,Severt,Wang,Chen,Leask 等人对会展选址问题进行的实证研究成果较有影响力[48~51]。综合该领域的研究成果,学者们一致着眼于在极其广泛的客观影响因素中分析和确定各因素的重要程度。在城市自然环境与社会环境、场馆硬件设施条件、会展服务接待能力与安全卫生条件、城市形象与基础设施、城市可达性及标志物、城市政策支持与总体费用等诸多影响因素中,学者们在变量的分类方法上存在较大差异。文献[42]将影响因素分为商业、组织者、举办地和干扰4类因素;文献[44]认为影响因素分为会展举办地和场馆设施两类;文献[45]提出将影响因素分为举办地可达性、场馆设施、会外机会、举办地政策支持、食宿条件、信息、举办地环境、其他标准8类,并将选址过程分为5个步骤,建立了通用的抽象概念模型框架;文献[49]提出应在文献[42]分类方法中将干扰因素剔除,而侧重考虑成本因素;文献[50]将影响因素归纳为活动与机会、关系网络、受教育机会、参会的便利性、产品与交易5类。在影响因素的重要程度方面学者们的研究结论也存在一定分歧。如文献[38,48,49]分别采用不同分析方法得到了总消费支出成本是参与者最关键影响因素的结论;文献[39,40,46,47]认为在组织者、举办地和客商三者之中,组织者因素在会展选址中处于关键地位;文献[41~43]则认为场馆基础设施条件和住宿餐饮服务质量是更重要的变量;文献[51]更关注举办地吸引物的影响,把其作为最重要的影响因素。从具体实证分析技术角度看,研究者大多采用描述统计、因子分析、方差分析、回归分析等,部分学者以专家评分与层次分析法结合为分析工具,少数学者运用聚类分析、判别分析等技术,这些分析技术在整体上都属静态比较分析技术工具,缺乏动态和系统角度的理论分析和技术工具运用。

目的地营销组织受到研究者的关注要较少也较晚一些。Sims, Fesenmaier, Pena, O'Leary, O'Hallran 等人是最早关注这一领域的学者[52~54]。从20世纪末开始,会展举办地市场营销组织的作用受到更多学者的重视[55~58]。会展观光局既是最重要的会展目的地营销组织,又是会展活动的管理者。它是会展举办地市场组织的最基本形式[59],其首要任务是为会展客商和相关团体的商务活动提供便利,向参会者进行招揽和宣传活动,尽可能促使他们在当地留宿,发展举办地的经济[60]。Weber 认为相当多的研究者侧重分析举办地营销组织的重要作用,却忽视了对其本身的研究[61]。随着国际互联网技术的成熟,目的地营销组织需要更多现代信息技术的支持,这成为未来会展目的地营销的主要技术发展趋势[62~64]。会展经营管理者与会展各参与主体建立长期的合作关系是目的地营销最重要的发展目标[65]。关系营销是目的地营销较为理想的营销策略,它不但有利于双方建立积极稳定的合作关系,而且能够最大限度地实现经济收益、赢得声誉和降低风险。Ford 和 Peeper 对目的地营销的经营管理者面临的形势进行分析后认为,市场竞争、资金筹备、技术进步、信息交流和工作职责是需要重点关注的5个问题[66]。Gretzel进一步明确了会议观光局的经营管理者在目的地营销组织管理中的任务、角色和责任[67]。Lee，McKercher，Kim对会展参与主体与会展专业组织两者之间的关系进行了更为深入的分析和阐释[68]。

实体会展与虚拟会展的关系问题引起了部分学者的研究兴趣，因为技术进步决定了会展产业发展的未来。关于现代信息技术是否对会展的形式和组织带来深刻变化以及这些变化对产业发展的影响作用是积极促进还是消极约束，学者们发表了不同的意见和看法。争论的核心问题是现代先进技术能否最终取代面对面的会展活动。Su C J，Benjaminp C Y认为，随着互联网发展，虚拟会展将成为会展主要手段[69]。Go F M，Govers R对通信行业与会展基础设施相结合、Internet和电子商务对交易费用的影响以及传统分销渠道的改变等问题进行了深入分析和探讨[70]。网络营销具有传统营销方式无法比拟的成本优势，管理者利用网络发布信息，与潜在会展参与者及时沟通，进行市场调研和完成网上交易，提高了服务效率，在举办城市与会展参与主体之间建立了十分便利的桥梁。然而，事实表明，尽管IT技术取得了飞速进步，但是会展活动却有增无减。因而更多的学者认为，面对面的交流作为一种客观需求使得实体会展的重要地位难以取代，现代通信技术只不过改变了会展活动的频度或效率，为更好地进行商务往来和信息交流创造条件，不能否定实体会展存在的现实意义和社会价值[71]。

关于会展举办地居民的反应和感知的研究目的在于揭示大型会展事件对举办地的社会影响。重要性绩效分析（Importance-Performance Analysis）技术是进行社会影响感知评价的常用方法[72]。Oppermann M，Go F，Zhang W等人较早运用了这一定性分析技术。近期的经典案例是Deccio C和Baloglu S对2002年美国犹他州盐湖城冬季奥运会的居民感知进行了评价[73]。部分学者进行了模型的改进和创新工作。Gursoy D，Kim K和Uysa M构建了用于评价重要事件主办者影响感知的新模型[74]。Hede和Jago探索了参加特殊事件对举办地感知结果的影响研究[75]。Gursoy D和Kendall K W采用将当地居民对重要事件的支持建立结构模型的方法，确定了当地居民关注度、集聚经济价值、当地居民感情、利益和成本感知是其中的重要影响因素[76]。Rollins和Delamere构建了用来直接测量节庆活动的社会影响态度尺度[77]。

令人遗憾的是，有关会展与举办地之间互动关系的研究没有引起国外学者们的足够重视，对于两者的互动关系只有 Hiller 和 Dwyer 等人在文献中略有提及[19][23]，笔者尚未发现有价值的研究成果。

二、国内会展经济研究现状

我国会展经济研究起步于20世纪70年代。钱学森认为“展览学是作为用实物形象地向观众进行信息传递的学问”，提出要关注展览学的培育并呼吁设立展览学院。1990年出版的《展览学概论》是国内第一部研究会展的著作。1992年潘杰在其《展览学导论》中系统介绍了中国展览的起源、形成与发展的历史，为我国展览学奠定了基础。1992年丁允朋出版了我国第一部体系完整、理论与实务相结合的展览学专著《现代展览与陈列》。1999年林宁所著的《展览知识与实务》是这一时期的又一力作。

进入21世纪，会展领域的研究迅速升温，出版了大量的重要专著，快速缩小了与国外同行的差距。整体来看，这些图书分别从理论和实务等不同角度对会展的概念特征、会展的产业关联、会展的产业结构、会展的产业组织、会展的产业布局、会展的产业政策、会展项目运行管理、会展与区域经济发展等方面进行了分析和阐述，丰富和提高了会展基础理论研究和会展实务操作技术的专业化水平。但从局部图书分类来看，分布并不均衡，不是过于分散，就是过于集中。例如，会展学原理类图书仅有俞华、朱立文（2005）编写；而会展概论类图书则有吴信菊（2003），马勇、肖轶楠（2004），周彬（2004），金辉（2004），苏文才（2004），张健康、任国岩（2004），马洁、刘松萍（2005），龚平、赵慰平（2005），张红（2006），杨春兰（2006），郑彬、黄奉康（2007），马勇、梁圣蓉（2007），赵春霞（2007），郭英之、王云龙（2007），张晓娟（2008），刘晓广（2009），过聚荣（2010），王华（2010），普亚强、张义（2010）等编写。除此之外，近期还有大量关于会展管理、会展活动设计类、信息发布类、系列专业教材、专业期刊及优秀译作问世。

目前国内会展研究机构数量并不是很多，较有影响的有重庆海纳会展研究所、商务部研究院中国会展经济研究中心、北京中世航会展经济研究中心、北京第二外国语学院会展研究中心、上海交通大学管理学院会展经济发展研究中心、复旦大学会展与服务经济研究中心、浙江大学城市学院会展研究中心、浙江科技学院中德合作贝克会展研究所、浙江省东方会展产业研究所等。会展统计数据类参考文献主要来自于中国对外贸易促进委员会发布的行业报告,社会文献出版社出版发行的会展经济发展蓝皮书系列,北京中世航会展经济研究中心编写的中国会展经济报告系列,中国贸易报发布的《中国民营/外资会展企业发展状况调查》,商务部商业改革发展司等主编的《中国展览业调查报告》系列。由于尚未形成统一的权威性机构,因而造成统计方法和统计口径均有所不同,它们提供的数据之间存在一定差异。

从学术趋势上看,进入新世纪以来,有关会展研究文献呈现百花齐放、百家争鸣的局面。王新刚博士较早对我国会展经济发展趋势进行了分析。由于目前我国市场经济体制尚需完善,不同地区的城市之间的会展经济发展无论是在制度政策方面,还是在资源分布方面还是在社会经济发展状况方面都存在着明显的差异,而且大部分城市的经济发展阶段与国外发达国家还存在一定差距,具有明显的中国特色,这也从国内学者的研究内容上得到了充分体现。

(一)政府政策角度

这是我国会展研究有别于国外研究的重要特点。我国城市会展经济发展普遍存在着定位盲目、规划滞后、政策乏力和政府错位 4 大问题[78]。21 世纪初,国内会展市场存在产权界定不清、隶属关系不顺、缺乏明确经营战略等问题,市场化程度不高[79]。会展业集中程度、会展企业经济活动的差别、会展业的进入障碍,都会直接影响会展业在市场结构体系中所处的地位[80]。马勇、王晶、杨开忠、李文亮、谷玉芬等人从政府作用角度对中国会展业发展的问题和对策进行了较为深入的分析和探索[81~84]。目前我国会展市场整体处于起步阶段,国家还需进一步加强宏观调控,优化市场结构和资源配置,创建世界级会展城市[85~86]。政府在会展业发展中发挥着主导作用,仍需要从概念定位、形象定位、条件定位和目标定位 4 个角度进行把握。文献[3]在对目前我国会展市场进行调查后作出判断,认为会展场馆具有寡头竞争市场结构特征,而会展企业竞争差异化特征明显。徐爱萍、楼嘉军着重分析了相关政府管理部门在会展业发展过程中存在的管理失衡现象,并对形成原因进行了深入探讨,同时根据我国会展业发展趋势,从政府管理的定位、范围、制度和战略等方面提出了相应的对策和建议[87]。虽然随着会展业进一步发展,会展业进行市场化和商业化运作必将成为历史的必然选择,政府也将逐步实现从主导向引导角色转变,但政府对会展业的推进作用依然无法替代[88~91]。

(二)区域经济角度

我国会展经济发展区域不平衡特征明显,针对这一客观现状,21世纪伊始,部分学者重点在会展与区域经济发展的现状、关系、意义、区域特性实施方案等方面展开了初步的探索性研究[92~93]。朱海森借鉴德国和中国香港会展产业布局的经验,在宏观和微观层面上分析了会展产业布局的条件和要求,并对我国会展产业布局提出了具体措施[94]。由于会展产业的等级性很强[95],不同等级的会展中心组织功能不同,因此在产业布局时要考虑当地软硬环境因素的制约。迫切需要在客观评价我国会展产业的特点及发展现状的基础上,积极培育会展市场,强化城市的综合配套功能,形成合理的地域分工与会展中心城市系统,进一步开发会展产业的发展潜力,促进会展产业的整体发展[96]。如何在提高效益的前提下,实现会展资源的有效整合,合理构建产业布局,是区域发展面临的主要问题[97]。现代会展不是一种孤立的经济形式,它的发展和区域经济发展进程紧密相关。会展经济具有空间选择性,它的空间运动形式主要源于离散力和吸引力。会展经济的空间结构变化主要表现为会展经济的生产要素随会展场馆的空间聚集与扩散而产生相应变化。空间运动路径是由大城市市区到市区外围地带,从而形成从中心到城市外围的合理布局[98]。曾武佳指出产业布局要考虑区域选择和带动性、区际的关联性、区域的整合性,并就这些因素进行了详尽分析,从而得出会展产业布局与区域经济相互依托、相互促进的重要结论[99]。彭晓寒从产业结构优化升级、城市建设管理以及功能优化3个层面分析了会展经济带动区域经济发展的路径[100]。

(三)城市经营角度

这一领域中关于城市会展管理战略研究的文献相当丰富,笔者以"会展+SWOT"为题名在CNKI上检索文献,结果显示,自2000年1月1日至2010年8月1日期间有93篇,胡斌、王春雷、张铁、孙明贵、戴冰等人基于SWOT对我国一些城市分别进行了分析[101~103];以"会展+竞争力"为题名检索到41篇,其中相当多的学者进行了有价值的创新工作。戚能杰采用层次分析法建立了会展旅游城市竞争力评价系统[104]。赵秀芳、赵萍运用模糊综合评价法建立了城市会展业竞争力评价指标体系和多级模糊综合评价模型,并结合实例从城市经济、商贸发展、会展场馆设施、社会事业发展、区域交通与地理区位、旅游业接待能力6个方面进行分析，为客观评价城市会展业竞争力开辟了新途径[105]。胡平基于钻石理论剖析了会展业竞争力的22个影响因素，并运用专家咨询法量化了这些因素的影响权重，构建了一套评价城市会展业竞争力的指标体系，然后运用这些指标对北京、广州、上海进行了实证研究，提出了提升城市会展业竞争力的对策[106]。吴开军构建了新的评价指标，运用因子分析构建了城市会展旅游竞争力的评价模型，发现了经济环境竞争力、自然与社会环境竞争力、旅游产业环境竞争力及会展企业竞争力对城市会展旅游有影响[107]。杨海英从波特的钻石模型出发，认为会展竞争力的基本要素即生产要素、需求条件、相关与支持产业、企业战略等开始以集群特有形式发挥作用，设计了4组指标对战略联盟竞争力进行了评价[108]。张俐俐、周丽丽等人以GEM模型为基本分析框架构建会展产业集群竞争力评价的基本指标体系，确定各个指标相应的权重，通过问卷调查的方式定量描述了广州会展产业集群的竞争力状况，认为广州的会展产业集群竞争力处于全国上游水平，在国内有较强的竞争力，其竞争力还具有一定的提升空间[109]。

（四）会展项目管理角度

随着现代会展研究内容的深入和研究范围的扩大，会展项目管理逐渐受到学者的重视。会展最显著的特征就是集聚性，体现为客流、物流、信息流、资金流等对空间和时间的客观要求。设施先进的会展场馆（或称会展中心）是决定会展项目成功举办的重要空间要素，因其具有建设规模大、运行成本高、投资回收期长等特点[110]，从投资主体来看以政府投资兴建为主[111]。会展场馆是会展业发展的前提和基础，也是会展城市必备的硬件条件[112]。张宏、杨新军、赵荣等人在总结了英国伯明翰国际会议中心区建设对其环境、社会和经济影响的基础上，结合我国的实际情况指出城市大型会展旅游项目建设风险大、投资长，其论证必须科学、客观、全面，需重点关注建设区位选择、政府政策、城市文脉延续和城市中心绿色斑块的引入等[113]。如何在借鉴发达国家经验的基础上，构建符合我国国情的会展场馆管理模式，促进会展业的健康发展，是一个重要问题[114]。何文才、谢琳琳、何清华构建了大型会展场馆全寿命周期集成管理系统的概念模型框架[115]。刘民坤运用可持续发展原则提出了会展业绿色管理理论框架，认为会展场馆绿色管理应包括绿色设计、安全管理、绿色形象管理等多方面内容[116]。莫伟斌探讨了大型会展场馆设备信息管理系统的建设与运行[117]。会期是会展项目成功举办的重要时间要素,它是会展组织管理工作效率的综合反映。现代会展业的竞争将是基于时间要素的市场竞争。陈心德和邱羚提出了会展项目网络计划和甘特图动态控制的定量模型,对会展项目的运营管理进行了理论和实际相结合的有益探索[118]。胡平、杨杰以上海新国际博览中心为案例对会展项目的经济拉动效应进行了实证研究,结论是上海展览业的平均拉动效应为1:8.4,与发达国家水平接近[119]。戴光全、保继刚利用本底趋势线模型对1999昆明世博会的经济效应和旅游效应进行了定量评估[120]。孙元欣分析了上海世博会展期的影响因素,预测了展期参观者分布形态,对上海世博展馆项目管理提出了有针对性的建议[121]。许春晓、柴晓敏和付淑礼以"2006杭州世界休闲博览会"为例对城市居民对重大事件的感知变化进行了分析[122]。会展项目营销策略是会展项目管理的重要内容。应丽君指出,会展营销从项目的定位开始,不同的定位策略反映出不同的竞争战略,根据项目营销中所居的主导地位可以采取主办导向、展商导向、观众导向与消费者导向制定会展项目定位策略[123]。顾客满意度和忠诚度是衡量会展项目成功的重要指标[124~125],吴虹、王育军和张锋分析了昆明市会展项目成功性标准[126],杨顺勇、徐烜基于层次分析法对会展项目成功度评估进行了研究[127]。

(五)发展模式角度

国内关于会展经济发展模式的研究受到学者关注较晚。在我国会展业发展过程中政府主导的特征非常显著[128]。借鉴国外会展经济的成功模式,促进我国现代城市发展是该领域的研究主题[129]。王春雷从剖析发展模式的内涵入手,以数据和事实为支撑,采用归纳法探索了政府宏观调控、展会组织自主经营、配套服务分工协作的优化模式,为会展旅游的持续健康发展提供了新思路[130]。在城市经济发展中会展业与旅游业既存在本质区别,又具有相互重叠、融合和渗透的共性。王保伦提出、构建了旅游业与会展业协同发展模式[131]。郭峦分析了会展业与旅游业整合的机理,提出了整合方法[132]。梁留科、曹新向和孙淑英将发展模式分为会展业与旅游业联动模式、空间布局模式及具体运作模式[133]。会展业的发展布局具有区位选择性,鞠航、田金信、万立君等人提出构建了不平衡会展发展模式[134]。会展业的发展必须处理好政府、协会、企业等各参与主体的利益关系,逐步向市场化、产业化、规范化的市场主导型发展模式转化,如何去除行政化管理模式是政府面临的严峻挑战[135~136]。刘松萍探讨了

CEPA框架下粤、港、澳会展业联动发展模式,为实现各方优势互补、合作共赢提供了现实可行的政策措施[137]。郭巍从政府、会展企业和行业协会3方面指出目前我国会展业运作模式中有待创新之处[138]。胡田针对上海会展旅游发展目前存在的问题,认为发展模式应该从政府主导职能、发挥行业协会作用、组建会展旅游企业集团、开展联合营销等方面进行调整[139]。周晓唯、惠李探讨了地方政府合作机制下的品牌会展发展模式[140]。王小兵以青岛市为例对城市会展业发展模式及政策选择进行了分析,建议采取"政府主导+市场运作"模式,亟需制定会展业中长期发展的产业政策[141]。会展经济发展离不开专业人才的培养,金辉、马勇、刘大可、肖红艳等人从国内外会展教育现状对比以及发展模式等方面进行了研究[142~145]。

(六)互动关系角度

国内少数学者对城市会展与城市经济互动关系予以了关注。已知最早的文献始于2003年何文举从城市化发展模式角度探讨了城市会展与城市聚集经济的耦合与互动关系,提出了以两者良性互动发展为前提的推进我国城市化发展的新思路[146]。会展经济是城市经济的重要组成部分,会展经济与城市发展相辅相成。张小月、肖雄从产业现状出发,分析了城市会展产业发展条件和对城市发展的带动作用,对会展产业和城市的互动发展提出了量力而行、适可而止、面向世界、面向客户、明确产业定位、明确政府角色的战略性建议[147]。罗薇从城市会展业发展所需的基础条件、对城市经济的促进作用及我国城市会展发展趋势3个方面阐述了两者的互动效应[11]。会展经济与城市发展是一种动态发展的互动关系。陈柳钦对会展经济与城市发展的协调互动进行了较为深入的分析和探索,建议会展经济定位以城市发展为基础,政府角色要从主导者向战略管理者转变,会展业发展需结合城市发展战略,会展经济应与城市结构功能、社会发展与对外开放相结合,重视国际化、品牌化建设[148]。陈仲球从城市产业角度出发,认为城市产业发展为会展业提供基础和动力,会展业对城市产业发展具有巨大拉动效应,提出从政府职能、产业竞争力、市场需求和主体培育等方面促进会展业与城市产业之间的良性互动[149]。

另有部分学者探讨了城市会展业与其他行业间的互动发展问题。在城市会展与酒店业间的互动关系方面,马勇、陈静给予了较早关注并作出了有价值的开创性工作,不但分析了两者之间的市场、组织、基础和媒介4大支撑体系,而且提出了会展与酒店业一体化互动发展概念模型[150]，后续学者的文献则显得创新不足，内容也大同小异，未能形成突破性的研究成果。其中，陈玲探索了会展业与酒店业服务体系的互动影响，提出了互动发展对策[151]；刘桂芬分析了东莞会展业与酒店业的现状，初步探讨了两者互动发展模式[152]；肖红艳对两者的互动关系与发展模式进行了讨论[153]；王雅静分析了济南会展业与酒店业互动支撑体系的存在问题以及原因，提出了相应建议[154]。在会展业与旅游业间的互动关系方面，于永海、孔庆馥建议以系统观对待杭州会展业与旅游业的互动发展，具有开创性思想，明确指出了会展产品与旅游产品的产业链结构复杂、行业部门跨度大的根本原因在于多要素组合的综合性，认为行业合作是实现完整会展和旅游产品的唯一途径，提出了树立管理者的系统观、政府宏观规制、企业合作方式等方面的初步构想[155]；李淼焱认为实现沈阳会展业与旅游业的互动发展应注意会展旅游产品宣传、市场运作机制管理、会展专业人才培养、会展品牌建设与服务[156]；皮平凡、林艳分析了会展业与旅游业现行联动关系模式和具体运作模式，建议从观念创新、政府管理、产业合作、产业化发展 4 个方面寻求两者的最佳互动方式[157]；郭蔓、傅云新基于服务外包理论构建了会展与旅行社的互动流程图，从会展前、中、后 3 个阶段有针对性地提出了实现两者良性互动发展的建议[158]；王磊磊从会展旅游的概念辨析入手，从产业链角度探讨了会展业与旅游业的互动关系[159]；姚厚忠从产业互动基础、管理体制、市场化情况、配套设施建设等方面对如何打造厦门市会展、旅游与商贸业互动平台做了初步探讨[160]。

此外，叶莉分析了湖南会展业与其优势产业基础的互动关系，对会展发展的定位和模式进行了探讨，提出了加强产业结构研究、精心培育会展品牌、优化政府服务职能的整体发展思路[161]。李生校、朱志胜、范羽佳分析了会展经济发展与专业市场成长的作用机理，以中国柯桥国际纺博会和中国轻纺城为例，通过实证分析认为两者具有长期稳定的均衡关系[162]。乐仁油、高松龄探讨了体育会展与体育用品产业集群的互动关系[163]。

三、会展研究现状评述

综合分析国内外会展领域专家和学者的研究成果，可以看出会展经济理论的研究在全球范围内都比较薄弱。迄今为止，尚未形成统一完整系统的会展理论研究体系和实证分析框架。会展理论研究远远滞后于会展经济的实践发展。对城市会展经济的研究零星散乱,缺乏系统性。

(一)理论支撑体系尚待完善

尽管国内外学者撰写了许多有关会展的文献和著作,在会展研究中发挥了重要的推动作用,但认真分析会发现他们多数从经验积累和操作技巧着手,以实务研究为主,有关理论研究的著作中现代前沿科学理论的引入明显不足。系统科学和系统工程理论的优秀研究成果尚未深入到会展理论研究体系,这严重阻碍了城市会展研究工作的进一步开展和深入,目前会展理论研究水平需要进一步提高。

(二)对城市会展与城市经济互动关系的地位和作用认识不足

关于城市会展与城市经济的互动关系问题,国内外学者没有予以足够重视。从文献检索情况来看,笔者尚未发现国外学者在该领域的有关研究成果,所有国内学者的文献资料中,外文参考文献也均未出现,其中包括国内会展研究领域的著名学者马勇教授和城市经济领域的著名学者陈柳钦教授所发表的研究成果。据此笔者判断,在城市会展与城市经济互动关系这一研究领域,国内学者已处于国际领先地位。目前,国内学者从整体角度分析城市会展与城市经济互动关系的文献只有5篇,研究内容多以概念框架和对策建议为主,理论分析与规律探索工作还需完善,研究成果尚待突破。另有部分学者从产业角度分析了会展业与紧密相关行业的互动关系,但深入程度明显不足,有价值的实证研究成果仍十分欠缺。

(三)对城市会展经济的实证研究方法有限,定量分析依然缺乏

在估计会展对城市经济影响这一研究领域,实证研究方法极为有限。国外学者运用I-O模型最为普遍,但不同学者研究时所选择的变量存在较大分歧,建立的模型外延能力差。CGE模型相对I-O模型能提供的信息多一些,但CGE模型是静态比较分析模型,难以用于预测。国内学者在这一领域的实证研究成果非常少。I-O模型和CGE模型的共同障碍在于统计数据要求过于庞大,现有统计资料不完整和调查会展参与主体的消费开支困难是最重要的客观制约因素。目前迫切需要在实证研究方法上的丰富和创新。

(四)城市会展研究缺乏动态性和系统性

长期以来,国内外关于会展对城市经济影响的研究虽然侧重点有所不同,但总

体来说主要以静态的、分散式的研究形式体现，既缺乏连续性，又不够完整。研究大多重视大型会展活动对城市经济的短期促进作用，完全忽略其互动关系，更没有考虑中、长期影响。有的研究还过于分散，要么是只研究会展对旅游业的影响，要么是只研究会展对酒店经营的影响，只重视部分，却忽视了整体。因而有必要从城市会展与城市经济的整体视角出发，进行系统的深入研究，从而获得更加全面、客观的研究成果，为决策者提供更为有效的参考。

（五）制度政策对城市会展需求影响的实证分析十分不足

国内外分析制度政策对城市会展经济影响的文献绝大部分是从机理分析和概念模型角度进行阐述，方法通常比较接近，内容大多雷同，有价值的研究成果很少。会展市场需求主体是专业观众，它客观地反映了企业的现实需要，是城市会展经济发展的动力源泉。在制度政策对会展需求主体影响方面没有引起学者的注意，也缺乏实证研究，而从中、长期动态角度来定性和定量分析制度政策对城市会展需求影响的研究成果还很少见。

（六）非常缺少城市会展经济系统的演化过程研究

城市会展和城市经济是一个有机整体，存在着天然、本质的必然联系，它们共同构成具有互动关系的复杂系统。两者既相互融合，又相互依存，既相互促进，又相互制约。城市会展与城市经济作为一个整体发挥作用，而不是各组成部分作用的简单叠加。已有的研究成果将城市会展与城市经济作为两个独立系统来分析，完全忽视了两者的相互包含和相互作用。对于城市会展和城市经济的动态演化过程的研究十分缺乏。

第四节 研究内容、逻辑框架、研究方法及技术路线

一、主要研究内容

本书探讨了城市会展研究领域的相关概念、内涵及特征，界定了城市会展与城市经济发展的互动关系的含义和特征，对相关理论加以回顾和阐述，提出了城市会

展经济系统(以下简称为 CEES)的概念,对 CEES 的组成要素、控制参量、建模方法和原则进行描述,深入分析了影响 CEES 运行的主要环境因素,明确了研究对象和范围,构建了城市会展经济系统。

运用协整分析和格兰杰因果检验,以中国进出口商品交易会为案例,对城市会展与城市经济的相互作用机理进行实证研究,揭示了城市会展与城市经济增长的协整关系和因果关系,通过检验结果明确了城市会展经济系统运行的关键变量,揭示了会展需求(采购商规模)是系统的动力源泉,它具有外生性,通过与以往学者研究结论进行比较和验证,发现了系统的涌现性特征,揭示了非线性互动关系的存在。

为了进一步揭示城市会展经济系统中互动关系的作用机制,依据耗散结构理论对系统的非线性特征作出了假设,深入讨论了 CEES 的耗散结构形成条件,并在无交互作用假设条件下,利用非线性最小二乘方法(NLS)对系统变量的非线性趋势进行了检验,检验结果支持会展需求(采购商规模)与服务业产出服从 Logistic 映射方程的原假设,具有耗散结构特征,是决定系统稳定性的重要状态变量,并发现了会展需求存在耗散结构分岔。

在进一步提取和明确 CEES 所隐含的有用信息过程中,利用带有结构突变的单位根检验方法对会展需求时间序列的结构突变进行了检验,识别了结构突变发生的准确位置、类型、次数,对结构突变的成因进行了深入分析,明确了影响会展需求的重要环境因素,建立了带有结构突变的自回归模型,利用模型对未来发展趋势进行了样本外预测。

基于耗散结构理论,利用 Logistic 映射方程,构建了 CEES 的一般分析框架,确定了系统动力学方程的基本结构;对 CEES 结构稳定性条件进行了分析和讨论,归纳总结了识别系统运行模式的方法,发现了 CEES 理论上的复杂性;通过系统仿真方法进行实证分析,对系统未来的演化过程和结构变化作出了推断,提出了为实现系统稳定发展目标而应采取的正确方法和途径。

二、本书结构框架

本书结构框架如图 1.1 所示。

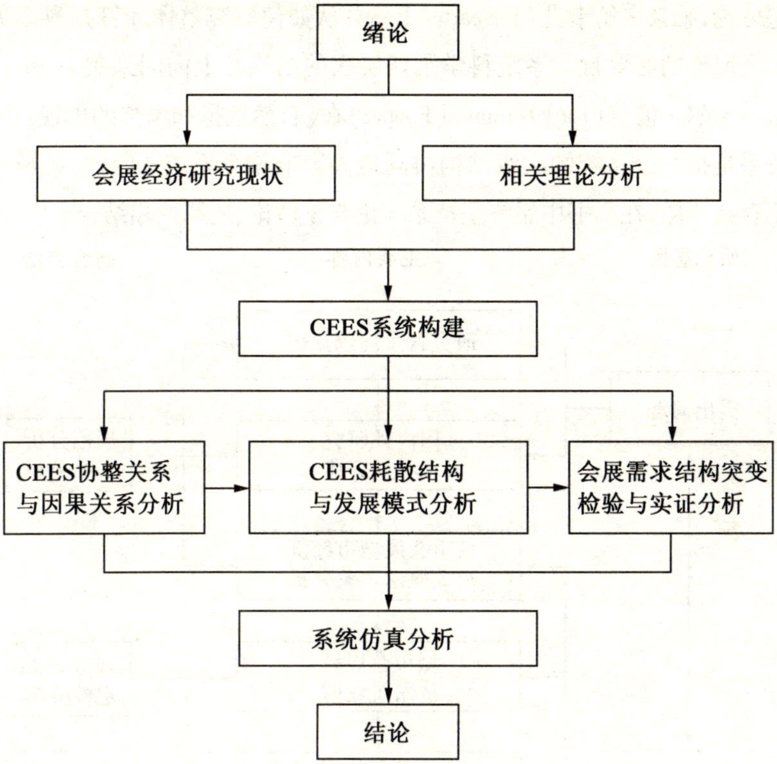

图 1.1　本书结构框架

Figure 1.1　Framework of the Research

三、研究方法

以系统科学方法论为指导，综合运用管理学、经济学、统计学、系统论、信息论、控制论、耗散结构理论、突变论、混沌学、复杂系统理论等相关原理，采用整体论、还原论与系统论相结合，实证分析、规范分析与仿真分析相结合，定性判断与定量描述相结合，归纳与演绎相结合，将城市会展与城市经济作为一个相互联系、相互作用、相互依赖的复杂系统对待，综合运用协整分析、格兰杰因果关系检验、离散映射方程、模拟仿真技术，来揭示城市会展经济系统建构与城市经济之间的互动关系。具体见图 1.2。

（一）整体论、还原论与系统论相结合

整体论强调整体地把握对象，还原论主张把整体分解为部分去研究。还原论并

非否定整体论,勒奈·笛卡儿(Descartes Rene)从如何研究整体才算是科学方法的角度论证了还原论的必要性。系统科学承认层次的结构和上向因果关系,承认还原与还原方法。卡尔·波普(Karl Raimund Pooper)在《自然选择和精神的出现》中指出:上向因果关系是指一个系统的次级结构协同地去影响整个系统。因此,系统论与还原论也并不存在矛盾,在本书中始终坚持系统论与整体论、还原论相结合。

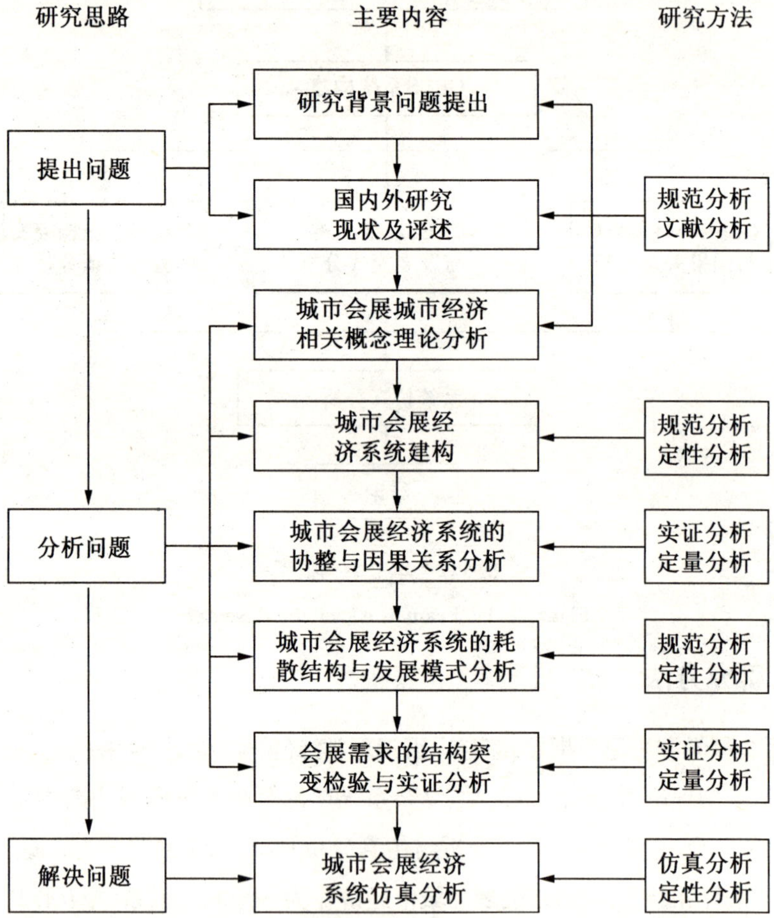

图1.2　研究方法

Figure 1.2　Researchful Method

(二)确定论、随机论与混沌论相结合

影响系统运行的因素中层次、种类非常多,作用方式复杂,其过程通常是不可逆和随机的，囿于认识的有限性，仅靠描述基本作用的决定性和可逆性的定律不能完整再现真实，混沌论是确定论和随机论之间联系的桥梁。确定论、随机论、混沌论的应用都是有条件的，因此，本书在实证分析和理论分析中针对具体问题采用随机论、确定论和混沌论相结合的研究方法。

（三）实证分析、规范分析与仿真分析相结合

实证分析通常基于规范分析而形成的理论基础之上，实证分析的目的又是为了发现理论，进行规范分析。因此，实证分析与规范分析是自成一体的。本书在运用协整分析、格兰杰因果检验、含有结构突变的单位根检验等实证分析工具检验理论的同时，也在实证分析基础上分别在第五章会展发展模式分析和第七章城市会展经济系统一般框架的建构中使用了规范分析。仿真分析是针对难以进行真实实验的系统利用模型对实际系统的运行状态进行实验研究的有力工具，本书在第七章分析 CEES 的演化过程中运用了仿真分析。

（四）定量分析与定性分析相结合

霍尔（Arthur David Hall）提出的系统工程 3 维结构分解方法，通常适用于物理特征明显的工程系统，侧重于利用系统模型定量计算，来求解系统最优解，通常称“硬方法”。切克兰德（Peter Checkland）提出的调查学习方法是系统分析的“软方法”，其核心思想是通过调查、比较和学习，寻求改善系统运行状态的满意解，侧重于定性分析。根据本书研究的问题、范围和目的，定性和定量相结合的方法贯穿了解决问题的全过程。

（五）归纳与演绎相结合

人们的认识过程总是从认识个别事物开始概括出一般，因此归纳法是人们广泛使用的基本思维方法，在科学认识中具有重要意义。演绎是从一般到个别的推理方法，即用已知一般原理考察某一特殊对象，推演出有关这个对象的结论。归纳是演绎的基础。演绎是从归纳结束的地方开始的，演绎的一般知识来源于经验归纳的结果。本书在第一、二、三章采用归纳法，第四、五、六、七章都采用归纳和演绎相结合的方法。

四、技术路线

研究的技术路线见图 1.3。

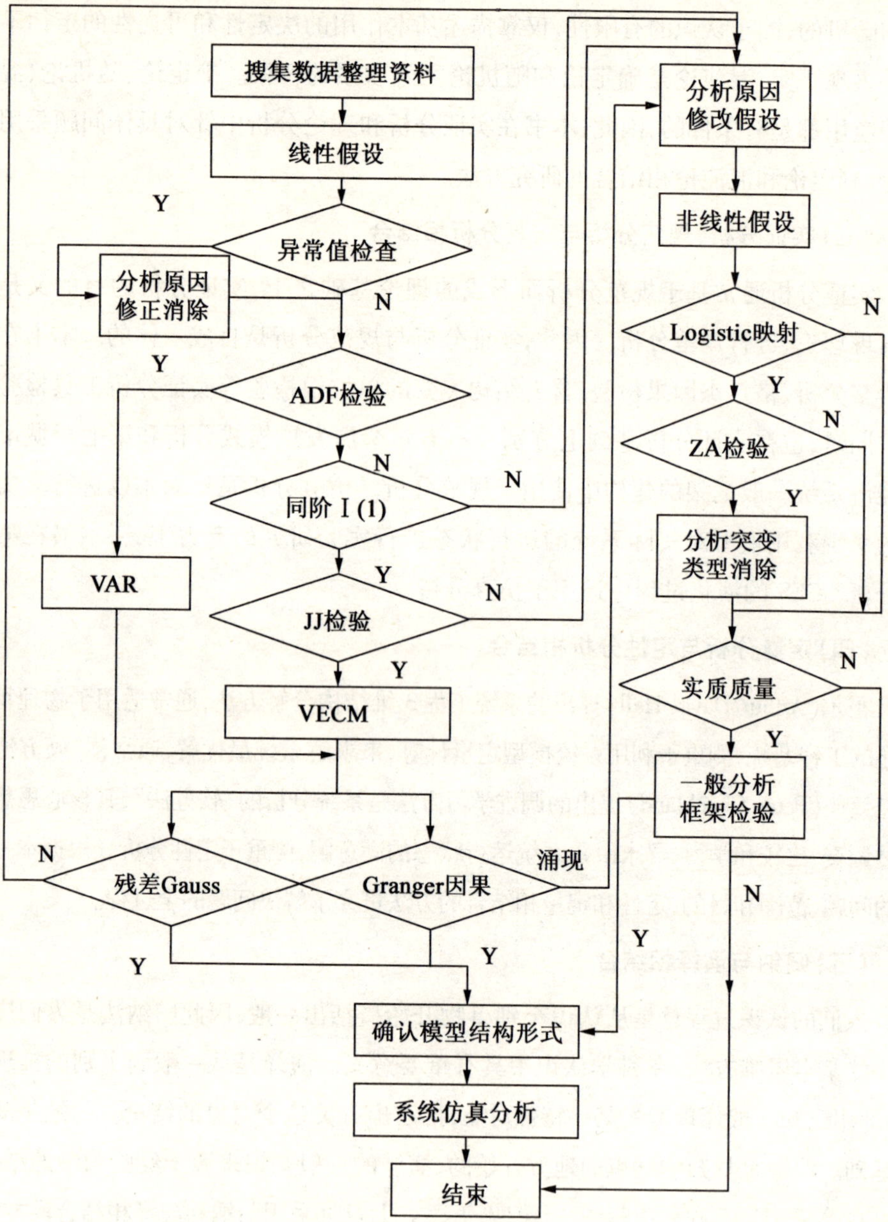

图1.3　技术路线

Figure 1.3　Technology Roadmap

第二章 城市会展与城市经济相关概念和理论分析

第一节 会展相关概念分析与界定

一、会展含义

如何为会展作出完美而科学的定义是一个引起学者们争论的问题，尽管国内外学者作了相当大的努力，但是至今仍存在一定分歧。诚如 Albert Einstein 所说，一个概念越是普遍，越是频繁地进入人们的视野，我们要想理解它们的意义就越困难。一个比较经典的例证就是时间，关于时间的连续性和可逆性也同样一直困扰着物理学界。

在欧洲通常把会展称为 C&E(Convention and Exposition)或者 M&E(Meeting and Exposition)，就是会议和展览。美洲和澳大利亚的学者们赋予了会展更广泛的内容，更倾向于把会展称做 MICE(M:Meetings 公司业务会议;I:Incentive Tour 奖励旅游;C:Conventions 协会或社团组织会议;E:Exhibition or Exposition 展览)，部分学者称之为会展旅游。Johnson 认为广义的会展应该包括体育赛事、节庆等特殊事件[164]。这一部分学者在会展原有内涵的基础上增加了节事活动，或称作“特殊事件(special event)”。Joe Goldblatt 认为特殊事件包括传统活动、博览会、展览会和节庆、标志性活动、促销活动、体育赛事等[165]。

尽管国内学者对于会展概念和范围理解不同，但多数学者认同的共识是分为狭义和广义两种。

马勇教授等人的观点是：“会展是人们进行信息交流、洽谈商务合作和开展市场营销的一种活动形式,对于企业或组织它能起到桥梁、媒介和窗口作用。会展活动包括会议和展览两个基本组成部分,通过两种现象反映出来:其一,在西方人们一般称会展业为会议与展览业,即在一定程度上将会议和展览区分开;其二,展览场地大都兼有接待会议和举办展览的功能,因而大多数被称为会展中心。"[166]

刘大可教授等人的观点是:"狭义会展的定义即是展览会和会议,广义会展的定义则是会议、展览、展销、节庆、赛事活动的统称。无论广义还是狭义的会展,都是在一定的时间和地域空间条件下,为实现宣示理念、交流信息、传授知识、树立形象、促成交易、扩大影响等目的所进行的活动。"定义为:"会展是指在一定的地域空间和时间内,为达到某些预期目的,有组织地将许多人与物聚集在一起,而形成的具有物质交换、精神交流、信息传递等功能的社会活动。"[167]

龚维刚、陈建国、向国敏等人从实务角度认为会展是以追求经济效益为主要目的、以企业化运作提供社会化服务、以口头交流信息或者以集中陈列展示物品为主要方式的集体性和综合性活动[168]。

王方华教授、过聚荣博士等人在《2006～2007年度会展经济发展研究报告》中的观点是:"会展的概念应从广义和狭义两个角度来考察,狭义地看,会展就是会议、展览等集体性活动的简称,是指在一定的地域空间,由多个人聚集在一起形成的,定期或不定期的集体性的物质、文化交流活动。广义上看,会展的外延很广,包括各种类型的大型会议、展览展销活动、体育竞技活动以及常年开设的博物馆、名人或历史事件纪念馆等。"

二、会展业与会展经济关系

孙明贵教授指出:"会展经济是一种多产业综合性经济,属于第三产业范畴,是服务型经济。会展经济具有区域特色(开放性),是一种城市经济。"[169]会展业和会展经济两者之间有一定联系,又存在区别,见图2.1。

城市会展具有产业关联性强、行业利润高、环境污染小等诸多优点,广受人们青睐,多数城市政府将其作为优先发展的重要产业之一。会展经济是城市经济建设的重要组成部分,也是城市管理的重要对象。

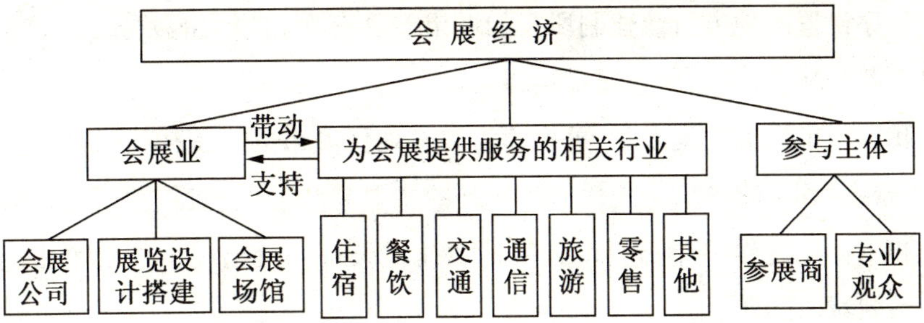

图 2.1 会展业与会展经济的关系

Figure 2.1 Relation of Exhibition Economy and Convention & Exhibition Industry

三、现代会展含义和特征

现代会展与传统会展相对而存在，曾武佳在其博士论文《现代会展与区域经济发展》中，如此定义现代会展：从时间序列来看，现代会展是相对于传统会展而言的；从内容和形式来看，现代会展是会展活动、会展产业、会展经济的通称。笔者认同这一观点，在本书中若非特别说明，所论会展均指现代会展。现代会展具有综合性、集聚性、辐射性、关联性、互动性、开放性、规模经济、正外部性等特征。

第二节 城市经济相关概念分析与界定

一、城市含义

城市通常是指人口居住和工商贸易的聚集地，是人类社会生产力发展到一定阶段的产物，是生产要素集约化和业态多样化的社会有机体，是区域政治、经济、科学技术和文化教育发展的中心[170]。

目前关于城市的定义国内外的学者们尚未达成统一。从汉语词源学角度来看，就是“城”与“市”的综合体。“城”是指具有防卫和保护之意在都邑四周筑起的墙。“市”是指进行交换和贸易的场所。随着“城”与“市”逐渐融合，进而发展为现代城市[171]。国外学者对城市定义的理解多数是从经济学角度根据人口密度来描述的，将其定义为“一个具有相对高人口密度的区域”[172]。这与我国目前现行的按照法定程序设置的地方行政建制所指的城市概念存在相当大的差异，为避免分歧，在本书中若非特别说明，所论城市均指大城市。

从我国城市发展角度来看，可持续发展是现代城市的主旋律，积极创建宜居城市、生态城市、数字化城市是现代城市发展的主要趋势。但是目前我国许多城市在城市化和工业化过程中伴随城市经济的快速增长都相继出现了住房紧张、交通拥堵等一系列城市问题。

二、城市经济特征

城市是经济活动在一定的空间集聚的过程，因而部分学者对城市经济不加定义直接从特征上予以阐述，称之为城市集聚经济。国外多数学者对城市经济的理解基于城乡分治制度，通常称城市经济为由工业、商业等各种非农业经济部门聚集而成的地区经济。但是，这一定义与我国客观实际相悖。由于我国目前实行广域型市建制，因而在城市经济统计指标体系中包括农业。城市集聚经济是规模经济和范围经济共同作用而形成的一种复合经济。城市集聚经济的主要特征是：(1)空间集聚性。城市经济是劳动力（人口）、产业（企业）、资本（财富）和信息（知识）在空间上的高度集中。(2)经济外部性。城市公用基础设施、公共性服务具有非排他性和容易“搭便车”的特点，进而导致市场竞争机制失效，是城市管理者（主要是政府）经营和投资干预的主要对象。(3)对外开放性。城市是一个复杂的巨系统，城市经济不是自给自足的封闭系统，需要与其他地区进行贸易来实现商品交换，也需要同外部进行信息和技术的交流。

三、城市经济增长含义

城市经济增长是指城市经济的动态演化过程，是城市经济作为一个整体的规模扩张与质量提高。城市经济增长最主要的测度指标是国民收入和就业量[173]。在技术水平不变的假设下，部分学者认为国民收入可视为就业量的函数。

第三节 互动关系概念分析与界定

一、互动关系含义

通常情况下互动关系是指事物之间的相互影响和相互作用。互动关系的具体内容笔者认为应从以下4个角度理解：

(1)相关关系。它是指事物之间在统计上所反映出来的相关程度，通过相关系数来描述。按照统计学的理论观点，互动关系在统计上必须是显著的。

(2)因果关系。这是事物之间最重要的一种关系，即事物之间的依赖性，反映事物之间客观的、本质的、必然的联系。按照现代计量经济学理论观点，研究者在建立模型时，变量之间仅仅存在相关关系是远远不够的，往往容易导致"伪回归"，而只有通过因果关系建立的模型才能保证其可靠性，因果关系需通过检验来确定。

(3)关联方式。它是将不同事物关联起来的特定规律。关联方式在系统科学中占据重要的核心地位，也是系统分析中的重点和难点。关联方式的分析需要科学的理论和方法作为指导，通过实验、试验或实证检验加以明确。

(4)数量关系。它是事物之间相互关联、相互依赖的程度在数量方面的度量，要求可测量性、可重复性和可检验性。

二、互动关系特征

(1)交互性。互动关系强调事物之间的传导、交流、反馈和辐射不完全是单一方向的链式结构，而通常具有多向的环状或网络结构。

(2)动态性。互动关系反映事物之间的动态特征，静态系统难以或不需考察互动关系。

(3)系统性。互动关系是以两个或两个以上的事物为研究对象的，因而需要将互动关系置于由研究对象共同构成的动态系统中进行分析和考察。

(4)综合性。互动关系需要依据系统科学和系统工程的理论观点进行全面分析和综合把握。

(5)多样性。互动关系在关联方式上既可以是线性的,也可以是非线性的;它的作用对象既可以是一个,也可以是多个;它可能是简单函数,也可能是复杂映射。

(6)过程性。互动关系描述事物之间物质、能量、信息等的交换与交流过程。

第四节　相关理论分析

一、城市管理理论分析

城市管理是一个动态发展的概念,学者们根据角度不同对其理解也不尽相同。杨宏山指出:作为公共管理的一个具体应用领域,城市管理专指对城市公共行政和公共事务的管理活动。城市管理不仅包括对市政工程和市政建设的管理,还包括对城市规划、公共财政、政府规制、公共服务、土地和不动产、人口和社会、环境保护等多个领域的管理[171]。陈强、尤建新将城市管理的定义进行了全面归纳和总结,将城市管理的内涵理解为:城市政府与公民、第三方机构、企业组织等构成的多元城市主体一起,综合运用行政、经济、法律、教育等手段对城市经济、社会、环境发展的全过程(规划、建设、运行)进行全面的综合管理,以充分利用资源,促进城市的发展,最终达到改善居民生活质量、提高公共福利的目的[174]。根据前面的文献综述,目前我国大多数城市会展活动仍以政府主导为主,会展场馆的设计、规划、建设与运营直接关系到城市的长期经济发展,因而成为城市管理的重要任务之一,城市会展与城市经济增长之间的关系问题是城市管理关注的重要内容。

多数学者认为,现代城市管理理论的起源来自美国学者刘易斯·芒福德(Munford L)总结的乌托邦城市理论,它主张城市和农村的结合,既保持农村的田园悠闲,又具有城市工业的活力[175]。英国学者埃比尼泽·霍华德(Ebenezer Howard)对其进行继承和发展,提出了田园城市理论,主张城市的实质在于城乡结合[176]。现代都市理论则选择了与田园城市理论完全相反的道路,主张都市发展的连续性、高密度和工业化,主要代表人物是西班牙公共交通工程师马塔(Arturo Soria Y Mata)、法国建筑师托尼加尼尔(Tony Garnier)和著名学者兼思想家勒·柯布西耶(Le Corbusier)。1933 年,国际现代建筑协会公布了都市计划宪章,即“雅典宪章”,它提出了以人为本的规划原则和社会系统观念,影响十分深远。雅典宪章被视为由近代城市单一规划设计理念向现代综合管理建设理论过渡的里程碑。马克斯·韦伯(Max Weber)的行政组织(官僚制)理论对传统的城市公共行政理论产生了重要影响。美国前总统威尔逊(T Woodrow Wilson)主张将政治与行政完全分离,但传统公共行政管理理论运用于实际存在重要缺陷。尤建新教授指出:虽然政治与行政的分离是传统行政模式的主要部分,但由于政治官员履行行政责任和行政官员承担政治责任严重混淆,行政体系的属性都会影响到政治体系的政策产出,人们广泛地把政治与行政的分离看做是一种神话[177]。

随着社会科学研究的深入和发展,现代管理理论日益丰富,学派林立,现代城市管理理论也逐渐形成了多学科交叉、相互融合的跨学科知识体系。现代管理理论的主要学派按照美国著名管理学家哈罗德·孔茨(Harold Koontz)1961年在《管理理论丛林》一文中的观点,可以概括为数量学派、决策学派、社会系统学派、行为学派、经验学派、过程学派。1980年,他在《再论管理理论的丛林》中将其补充扩展为经验主义、人际关系、组织行为、社会系统、社会技术系统、决策理论、系统理论、管理科学、管理任务、权变理论、管理程序共11个学派。当代管理理论研究在范围和方法上进一步拓展,与其他学科联系越来越紧密,边界也越来越模糊,英国著名学者马尔科姆·沃纳(Malcolm Warner)集管理理论的早期思想萌芽与现代主流理念于一体,将管理研究分为会计与金融、管理经济学、比较管理学、产业关系与人力资源管理、生产管理、市场营销、运营管理与管理信息系统、组织行为学、战略管理和全面管理10大领域,在他的分类体系中甚至将凯恩斯(Keynes John Maynard)、哈耶克(Hayek Friedrich August)和萨缪尔森(Samuelson Paul A)等人也都包括在内[178]。李柏洲教授则不仅对现代管理学派进行了全面归纳和总结,而且对当代管理思想的新发展进行了整理,将管理理论的前沿分为企业战略管理、跨国管理研究、管理文化因素、管理伦理、企业流程再造、知识经济与创新管理、管理复杂性等7个领域[179]。这些管理理论的丰富都成为现代城市管理理论进步和发展的源泉。1970~1980年掀起了新公共管理理论的热潮。这一理论从自利人的基础假设出发,以公共选择代理理论、交易成本理论与传统管理理论和新泰勒(Frederick Winslow Taylor)主义为基础而发展,其主要观点是改革政府管理或专营的公共事务、公益事业及公共产品提供原有模式,主张私营企业共同参与和实行私有化,核心思想是强调经济价值优先性、市场机能论、应用企业管理技术与顾客导向理念管理城市行政事务。有学者认为,公共管理领域的新变化不仅是管理形态的变革,而且体现了政府角色与市民关系的本质变化,代表公共部门管理的新典范。1994 年美国建筑师皮特·凯兹(Peter Katz)针对城市建设和发展中的不良状况提出了新城市主义的基本理念,主张城市生活空间尺度应转向建立相对密集、富有亲和力、关系亲密的社区型空间。

城市是由诸多具有内在联系的子系统组成的复杂系统。城市会展作为连接生产部门和消费部门的桥梁和纽带与其他子系统保持广泛的关联,对城市经济产生重要影响。系统分析是研究城市问题的首要原则,强调要把各子系统(要素)作为相互关联、相互影响的整体进行考察,而不能孤立地分析某子系统。城市管理的系统科学理论关注了这一重要问题。城市系统科学理论认为现代城市是自然系统与人工系统复合、硬系统与软系统联合构成的多层次、多变量、非线性的复杂巨系统,系统内部各种因素、结构及相互关系错综复杂,主张从复杂系统视角分析城市问题,通过建立数学模型、计算机模拟仿真等技术手段来进行定量化、模型化、最优化研究[180]。

系统科学是一门新兴学科,主要是研究自然界和人类社会系统的共同特性,探索系统的生成、演化和涌现等普遍规律的科学。科学最早发端于对知识的渴求,是人理解自然的一种思维方法,是生动的、不断变化的对世界的看法。波普认为科学的目的在于追求真理。量子理论的创始人马克斯·普朗克(Max Karl Ernst Ludwig Planck)则更深刻地理解为:科学是内在的整体,它被分解为单独的部门不是取决于事物的本身,而是取决于人类认识的局限性,实际上存在着由物理到化学通过生物学到社会学的连续链条,这是任何一处都不能被打断的链条。科学既要求运用严格的智力和实验训练,又要求结果能面对进一步的研究。科学要求不断地成长和革新,用新的、更好的范式不断替代陈旧的范式,以更好地适应新近的发现和已知事实,寻找事实背后的原因。

古希腊数学家毕达哥拉斯(Pythagoras)主张数学是理解宇宙奥秘的钥匙。柏拉图(Plato)持相同的观点同时关注了道德和伦理学,倡导和谐世界观,强调和谐的重要性,特别是某种数学和谐。他主张眼见并非为实,认为根本性的实在见于数学领域、形式和观念,而不是纯粹的感觉经验。亚里士多德(Aristotle)强调观察是理解实在的最好工具,而不是数学抽象。事实上观察和数学两者都已证明是科学发展的重要工具。好科学的第一准则:选择最简单有效的解释[181]。一般系统论的创始人贝塔朗菲(Bertalanffy L V)认为"系统可以定义为相互关联的元素的集合"。我国著名科学家钱学森把系统定义为相互作用和相互依赖的若干组成部分结合成的具有特定功能的有机整体。

系统思想的萌芽早在古代中国和希腊都可以找到证据,然而它的正式形成和发展却是近现代科学技术进步和生产力水平提高的产物。近代物理学之父伽利略(Galileo Galilei)是倡导可重复和可检验性的第一人,被誉为第一位在研究中真正运用观察和实验这一新科学方法的大思想家,其主要思想就是自然定律是数学化的,科学家运用的方法也应该是数学的。

科学方法要求解释应该以观测、收集到的事实和测量结果作为基础,而不是基于推理、情绪反应、视觉、传闻或信念。科学方法只承认一再得到实验确证的解释。这些实验结果,经过理论总结,可以用来对尚未观测到的其他现象作出预言。然后,当有机会对这些预言之一进行检验时,检验的结果可以拿来跟预言进行比较。这样,实验和观测的结果总被用于修改现有的理论,这就是科学的"自我纠错"过程。

科学有一种令人激动的特性,这就是,每一个新理论都会产生新问题,并对旧问题提供新的解释。理论越好,由此提出的问题越富有价值。艾萨克·牛顿(Isaac Newton)将实验主义和归纳方法与勒奈·笛卡儿(Descartes Rene)的定量方法相结合,打造出新的更强大的方法,运用数学工具表达并且构建实验结果。能量守恒、细胞学说和进化论的发现为系统科学的创立建立了基础,量子论和相对论是系统科学发展的直接推动力量。

20 世纪 40 年代开始,美籍奥地利生物学家路德维格·冯·贝塔朗菲(Bertalan-

ffy L V)、美国数学家诺伯特·维纳(Wiener Nobert)、美国数学家克劳德·香农(Shannon Claude E)、莫尔斯(Morse P M)和金博尔(Kimball G E)、古德(Goode A H)和麦考尔(Machal R E)等相继创立了一般系统论、控制论、信息论、运筹学、系统工程等重要系统科学理论,构筑了系统思维方法的理论框架,系统科学迅速发展并在全球广泛传播。现代城市管理理论借鉴了这些优秀的理论研究成果,创立了城市系统动力学理论,它的基本观点是从系统组成要素的因果关系出发,建立变量间的多重反馈关系模型,通过系统模拟仿真来实现城市管理的优化。

20 世纪 60 年代,现代数理科学中的非线性问题引起了国际科学界的高度关注,普利高津(Prigogine Ilya)的耗散结构理论、哈肯(Haken H)的协同学、托姆(René Thom)的突变论、艾根(Eigen M)的超循环理论、曼德布罗特(Mandelbrot B B)的分形几何学、美国气象学家洛伦兹(Lorenz E N)的混沌理论对非线性科学的形成和发展起到了极其重要的作用,它深刻地影响着人们的思维方式和分析方法,这些理论甚至被称为第三次科学革命,是当代最重要的科学指导理论。

20 世纪 80 年代,国际上越来越关注事物之间的复杂性,复杂性科学也应运而生。复杂性科学是研究复杂性与复杂系统中各组成部分之间的相互作用所涌现出复杂行为、特性与规律的科学。美国学者考温(Cowan G)将复杂性科学称为“21 世纪的科学”。部分先知先觉的社会科学家对非线性和复杂性科学给予了高度关注,利用这些最新科学理论,不但揭示了很多以前无法解释的现象,而且发现了很多新理论和新规律。

非线性和复杂性科学的发展促进了城市管理理论的进一步深化。21 世纪科学研究的多学科相互交叉、渗透与融合的特征更加突出,复杂性科学正以更深层次、更广领域在管理科学领域发挥着重要推动作用。城市是一个开放系统,它需要不断与外界进行物质、能量、信息的交换和交流,来维持自身的稳定有序发展。从城市地理空间角度看,总是存在着中心和边缘的不平衡发展特征;从产业部门角度来看,城市系统内部总是存在支柱产业和辅助行业之间的非平衡性发展;从时间序列角度来看,城市经济发展存在着有规律波动和无规律冲击而形成涨落,非平衡是城市经济系统的常态。因此,城市具有典型的耗散结构特征。

城市管理的耗散结构理论支持者的基本观点是把城市当作一个远离平衡状态的开放系统对待,它具有自组织特征,当外界条件或系统的参量处于临界状态时,通过涨落发生非平衡相变,就有可能自发地通过与外界的物质、能量、信息的交换和交流,从原来的无序状态转变为一种时间、空间或功能有序的新状态。需要关注的是,现代的城市管理研究方法,都强调必须关注环境和历史背景的重要作用。我国城市管理体制是在中央高度集权的计划经济时代形成的,具有明显的中国特色,任何西方先进的城市管理理论都不可能与我国客观实际完全相符,必须经过检验、修改和完善才能更好地指导管理实践。

二、城市经济理论分析

城市集聚经济的理论基础最早可以追溯到大卫·李嘉图(Ricardo David)关于国际分工的比较优势原理[182]。阿尔弗雷德·马歇尔(Alfred Marshall)认为集聚经济分为产业内厂商正外部性和产业外城市相关产业正外部性两种。俄林(Bertil Ohlin)提出集聚经济分为厂商内部集聚经济、地方化经济、城市化经济和产业间联系。保罗·克鲁格曼(Krugman Paul)采用模型化方法分析了城市劳动力市场共享,麦克唐纳(McDonald)建立理论模型研究了地方化经济如何影响成本和产出。格雷泽(Glaeser Edward L)对城市化经济的知识外溢现象进行了实证研究,认为城市知识外溢常发生在产业间而非产业内。约翰·加尔布雷斯(Galbraith John Kenneth)和迈克尔·波特(Poter Michael E)等对市场结构如何影响技术进步进行了讨论,前者认为垄断对技术进步有积极影响,后者则坚持竞争是创新的动力,现代产业组织理论认为科技投入是创新根本原因,受市场结构影响很小。萨特斯威特(Satterthwaite)、格雷泽(Glaeser Edward L)对集聚经济进行了实证研究,取得了较有影响力的研究成果。藤田(Fujita M)和胡(Hu D)对我国城市集聚经济进行研究后认为沿海地区集聚经济受益明显,存在"自我集聚"现象[183]。欧(Au Chun Chung)和亨德森(Henderson Vernon)对此的研究结果是我国有相当部分城市的劳动力配置显著低于最优水平,城市规模还过小[184]。克鲁格曼(Krugman Paul)认为,厂商和工人的循环集聚将导致在区域经济地理结构上出现一个"中心－外围"结构。他还得出了一个非常重要的经济学结论:初始条件对于现有城市布局的影响是非常显著的,而且累积因果效应将导致制造业会比较长时期地在一个地区内部集聚[185]。

城市基础部门模型和凯恩斯(Keynes John Maynard)乘数增长模型是经典的需求指向城市经济增长模型,缪尔达尔(Myrdal Gunnar)的累积因果效应模型和盖里、秋山和藤原(Ghali Mohab, Akiyama M, Fujiwara J)基于索罗(Solow Robert)的新古典经济增长模型建立的城市经济增长模型则更侧重供给分析,他们根据城市资源和要素生产能力分析城市经济增长的内在机制[186]。

经济领域从来都不缺少争论,理论学者的基础假设条件不同,往往导致结论相互矛盾。从实证角度看,投入产出模型是学者普遍运用和广泛接受的有力工具,它通常用来评估具有外生性的投资项目对总需求的影响。需要注意的是,投入产出模型存在重要缺陷。它的理论局限性主要体现在其严格的基础假设:乘数不变、工资不变、出口是经济增长的唯一来源、严格依赖劳动需求增长、经济增长外生。投入产出模型在实证分析中也困难重重:需要引入的变量非常多、统计周期长、数据可靠性差、估计结果受研究者主观偏好影响。

根据以上分析,笔者认为我国的大部分城市无论制度政策,还是管理体制都与西方发达国家明显不同,对于城市经济增长理论的研究,国内外学者尚无一致的有效结论,因而迫切需要从我国客观实际情况出发进行实证研究,通过实践来检验和探索我国城市经济增长的一般规律,科学客观地对待城市经济增长问题,对于西方城市经济增长理论需要参考与借鉴,但更需要检验,不能盲目照搬。

第五节　本书运用的基础理论

本书综合运用了管理学、经济学、系统科学的相关知识,需要引入的理论、概念、定理相对较多,也过于分散,在后文中经常涉及它们的交叉使用和综合分析,为了更好地保持本书的系统性,避免行文时概念表述上的不便与繁冗、原理公式上的突兀与凌乱以及结构上的松散影响各章节的衔接与协调,因而在这里对它们集中加以回顾和简要介绍。在这些理论框架下所提出的基本观点、概念体系和基本定理,反映笔者研究的工作起点和理论基础,当满足基本假设条件时,它们在本书将作为已知公理使用并不对其进行理论证明，而在后文中基于这些理论基础所建立和提出的新概念和新方法将给予必要的推导、解释或证明。

一、动态计量经济理论

重视科学的方法论是现代经济学发展的整体特征，部分学者把经济学理解为思考社会问题的方法和观察世界的工具，主张经济学是社会科学的基础，认为其主要贡献在于分析框架，其重要地位与物理学在自然科学中的地位一样。由于规范经济学的一些基本假设和分析结论经常与实际严重背离，因而越来越多的学者更重视实证分析，甚至有的学者认为科学知识的占有尚不具备解决规范问题的能力，规范分析方法根本上就是不科学的。尽管这种思想过于极端，但是它反映了越来越多的学者把经济学当作实证社会科学的事实。

数学是进行科学研究的有力工具，但其本身并非经济学理论[187]。计量经济学以揭示社会经济活动中客观存在的数量关系为主要内容，它不仅在经济科学中居于最重要的地位，而且对社会科学所有领域产生极重要的影响，是管理科学普遍运用的重要分析工具，本书将在第四章以后经常运用到。

我国著名学者李子奈教授指出，经济学理论根据各国国情、经济制度、经济体制、发展阶段的不同也必然有所差异，我国的经济学需要成为一门能够指导中国社会主义市场经济体制建立和经济发展的真正科学，必须坚持实践的观点[188]。任何经济学理论，只有成功地解释了过去，才能为人们所接受。美国学者迈克尔·伊万斯(Michael Evanc)是经验主义的典型代表，认为那些得不到事实支持的理论应该被抛弃[189]。计量经济学模型不仅提供了检验经济理论的理想方法，而且可以用于发现经济活动所遵循的经济规律，进一步创新和发展理论。根据本书的研究目的和研究内容，在第四章笔者选择了动态计量经济学中的向量误差纠正模型揭示城市会展与城市经济的互动关系，重点是分析因果关系、协整关系和数量关系。

传统的计量经济学在建立模型时多采用理论先导的途径，从先验的经济理论出发设定结构模型，再由数据估计模型所包含的参数，这种建模途径对先验的经济理论具有很强的依赖性。与此相对立的是统计学家所采用的数据先导途径，将描述数据特征作为建模的主要准则,使模型对样本数据具有很强的依赖性。20 世纪 70 年代末,以英国计量经济学家亨得利(Hendry D F)为代表的学者在误差纠正模型和协整理论的基础上,提出了动态计量经济学模型的理论与方法。亨得利所倡导的动态建模理论,将上述两者兼容,交替运用经济理论和经济数据提供的信息,建模过程是认识的循序渐进过程。

Hendry 建模理论认为,建模过程应首先建立一个能够代表数据生成过程(Data Generation Process, DGP)的自回归分布滞后模型(Autoregressive Distributed Lag, ADL),然后逐步简化,最后得到包含变量间长期稳定关系的简单模型。

数据生成过程(DGP)是所有变量联合概率分布的一般表达式,即

$$\prod_{t=1}^{T} D(x_t \mid X_{t-1};\boldsymbol{\theta}) \tag{2.1}$$

其中 $\boldsymbol{x}_t$ 为 t 时刻所有变量观测值向量;

$\boldsymbol{X}_{t-1}=(x_{t-1},x_{t-2},\cdots,x_1)'$为前 $t-1$ 时刻所有变量观测值矩阵;

D 为概率密度函数;

$\boldsymbol{\theta}$ 是概率密度函数 D 的未知参数向量。

建模者所关心的参数 ψ 是 $\boldsymbol{\theta}$ 的函数。这里的所有变量并不是任意选择的,仍然需要先验的经济理论的指导。式(2.1)的含义是 x_t 的发展变化只依赖于自身的历史 $\boldsymbol{X}_{t-1}$,而与其他因素无关。如果 x_t 可以分为内生变量 y_t 和外生变量 z_t,$\boldsymbol{X}_{t-1}$ 也作相应分解,即

$$\boldsymbol{X}_{t-1}=(Y_{t-1}:Z_{t-1})$$

$$Y_{t-1}=(y_{t-1},y_{t-2},\cdots,y_1)'$$

$$Z_{t-1}=(z_{t-1},z_{t-2},\cdots,z_1)'$$

则式(2.1)的联合概率密度函数可以分解为 y_t 对 z_t 的条件密度 $D_{y|z}$与 z_t 的边际密度 D_z 的乘积,即

$$D(x_t \mid X_{t-1};\theta)=D_{y|z}(y_t \mid z_t,Y_{t-1},Z_{t-1};\lambda_1)\cdot D_z(z_t \mid Y_{t-1},Z_{t-1};\lambda_2) \tag{2.2}$$

其中 $\boldsymbol{\lambda}_1$ 和 $\boldsymbol{\lambda}_2$ 为条件密度和边际密度的参数向量,是由联合概率密度函数 D 的原未知参数向量 $\boldsymbol{\theta}$ 分解得到。若 $\boldsymbol{\theta}$ 中包括 r 个参数,$\boldsymbol{\lambda}_1$ 和 $\boldsymbol{\lambda}_2$ 中分别包括 r_1 和 r_2

个参数，则应有 $r = r_1 + r_2$。

对 DGP 在一系列假设下进行约化处理，即得到一个自回归分布滞后（ADL）模型，一般表达式为

$$y_t = \beta_0 + \sum_{i=0}^{q} \delta_i z_{t-i} + \sum_{i=1}^{p} \gamma_i y_{t-i} + \varepsilon_t \qquad \varepsilon_t \sim N(0, \sigma^2) \tag{2.3}$$

该 ADL 是由 DGP 约化而来，若每步约化均有效，即关于人们关注的参数 ψ 无信息损失，那么它可以近似地代表 DGP，即它能够提供 DGP 所能提供的关于 ψ 的信息。Hendry 学派建模理论既保持了理论假设的先导作用，又突出了数据生成过程的原始特征，从而更加深入地接近现实，学者们给予广泛关注和高度评价，甚至被认为是计量经济学模型理论的革命，目前应用极其广泛。

与经典计量经济学相比动态计量经济学有以下优点：

（1）建模起点的同质性。经典模型以理论为导向，不同建模者对经济理论的理解不同，对于同一对象，可以建立不同的基础理论模型；而动态模型从 DGP 出发，经过合理的约化得到一般的自回归滞后模型，不同建模者对于同一个研究对象，得到的是相同起点的理论模型。

（2）变量类型划分的统一性。经典模型将内生变量作为随机变量，外生变量作为确定性变量。动态模型将所有变量都当作随机变量，它们具有共同联合分布，即 DGP，更符合现实。

（3）误差项分布的客观性。经典建模思想认为随机误差项是由模型中未包含的因素对被解释变量的影响、模型设定误差、样本观测误差等组成，并假定服从正态分布。估计模型时需要对误差进一步作假设，这些假设往往并不反映误差的性质，很难满足。动态模型认为误差项是推导出来的，其分布是由变量和系统的分布决定的，它具有的良好性质是由约化过程决定的，而非随便假设的。

（4）外生性概念的相对性。经典模型的外生性概念对于已确定模型系统而言是绝对的，是变量本身的性质。外生变量是由系统外因素决定的，只对系统产生影响，而本身不受系统影响。动态模型认为外生性概念是相对的，对于已确定模型系统而言，外生变量将随着关注参数的变化而变化。

(5)多重共线处理方式的准确性。经典建模思想将多重共线性当成变量本身之间所具有的性质,处理方法都从变量出发,采用剔除部分变量、差分变换替代原变量或主分量替代原变量等。动态模型认为不适当的参数化是造成多重共线性的原因。将模型变换为误差纠正模型,可使变量之间近似正交,从而消除共线性。

(6)数据时间序列特征的重视性。经典模型忽略变量数据时间序列特征,易导致"伪回归"现象。动态模型高度关注变量数据时间序列特征,认为只有变量之间存在协整关系,才存在长期相互影响,有效地避免"伪回归"现象。

(7)对理论模型和经验模型概念理解的综合性。经典建模思想要求理论模型与经验模型内在一致,若不一致,则经验模型不能通过检验,必须修改理论模型。动态模型认为理论模型与经验模型概念不同。前者由经济理论设定,描述长期均衡关系,后者根据理论模型和观测数据共同设定和估计,描述短期非均衡性质。经验模型通过其长期均衡解与理论模型发生联系。

(8)检验指导思想的科学性。经典建模思想认为每个模型都可能正确,只要模型的性质通过检验就接受,结果导致不同学者对同一研究对象可以依据不同经济理论建模,最后都声称模型通过了检验,理论因此得到证实,然而这些理论却是不同甚至是相互矛盾的。动态建模理论认为,所有模型都可能是错误的,必须经过严格而全面的检验。Hendry 一再强调,"检验,检验,再检验",并为此提出了许多准则。动态建模理论要求先建立一个通过所有检验、满足所有准则的"吻合性"模型,再以此为基础逐步加以简化,模型具有唯一性。

(9)检验准则的严格性。经典模型最重要的检验准则是拟合优度。动态模型认为拟合优度可因无关变量加入造成"伪回归"现象而提高,非理想检验准则。它的检验准则为:①包容性。即一个满意的模型必须包容所有从同一数据生成过程约化而来的模型。如果建立最终模型的过程中每步约化都有效,即没有关于关注参数的信息损失,那么它应该包容约化过程中的每一个模型,直至包容数据生成过程。②凝聚性。即利用模型生成的数据序列与真实序列之差,满足由新生化要求的、新生误差性质决定的、均值为零的正态分布随机误差要求。③因果性。模型必须包含明确的经济行为上的因果关系。由于数据生成过程是所有变量联合概率分布的一般表达式，因而经过约化的最终模型不但包含变量 Y，还应包含变量集 Z，而 Z 是序列 Y_t 数据过程的条件和原因。④参数不变性。模型必须具备参数不变性，它既是模型可用来预测和政策分析的必备条件，又是模型约化过程所应保证的。⑤长期均衡方程与理论的一致性。动态模型认为理论模型与经验模型虽是两个不同的概念，但它坚持认为经验模型通过其长期均衡解与理论模型发生联系。即长期均衡方程至少必须与某一种已知理论保持一致。

平稳性与单位根理论、协整与误差纠正理论和格兰杰因果关系理论是分析变量数据生成过程的重要基础和有效工具。

（一）平稳性与单位根理论

若随机时间序列 X_t 满足以下 3 个性质，则称这个时间序列是协方差平稳的，通常用 $I(0)$ 表示。①X_t 的均值不随时间变化；②X_t 的方差不随时间变化；③任何两期 X_t 与 X_{t-k} 之间的协方差仅取决于这两个观测之间的时间间隔 k。

若上述性质中的任意一个或多个不满足，即各个观测的联合分布有某些性质不仅取决于观测之间的时间间隔，还取决于观测发生的具体时刻，则称这个时间序列是非平稳的。如果一个序列在成为平稳序列之前经过 d 次差分，则该序列被称为 d 阶单整，用 $I(d)$ 表示。

平稳性是时间序列分析的前提和基础，然而现实中的时间序列常常因含有某种趋势而表现为非平稳。当 X_t 的均值以不变速度随着时间的延续而增加时，随机冲击不会引起趋势偏离，变量的长期运动是由确定性的时间趋势函数主导，称这个序列存在确定性趋势或线性时间趋势平稳（TS）。若趋势变量在每个时期的变化量不是一个常数，而是一个随机变量，任何随机冲击均会影响其长期动态，同时若对原序列进行差分处理能使其平稳，则被称为差分平稳（DS）或随机趋势过程。

当研究者对时间序列分析的目的是要进行假设检验或长期预测时，恰当地对趋势进行建模是十分重要的。因此，对于趋势是随机的还是确定的需要进行正确地识别。单位根检验是进行平稳性检验的重要工具，是国际计量经济学领域研究的热点之一，目前单位根检验方法仍在不断创新和完善[190]。增广迪基－富勒（Augmented Dickey-Fuller，ADF）检验是较为成熟和普遍运用的检验方法，$H_0:\rho^i=1$；

$H_1:|\rho^i|<1(i=A,B,C)$；e_t 为白噪声。它有 3 种检验式，即

模型 A：
$$\Delta x_t=(\rho-1)x_{t-1}+\sum_{j=1}^{p}\theta_j\Delta x_{t-j}+e_t \tag{2.4}$$

模型 B：
$$\Delta x_t=\alpha+(\rho-1)x_{t-1}+\sum_{j=1}^{p}\theta_j\Delta x_{t-j}+e_t \tag{2.5}$$

模型 C：
$$\Delta x_t=\alpha+\beta t+(\rho-1)x_{t-1}+\sum_{j=1}^{p}\theta_j\Delta x_{t-j}+e_t \tag{2.6}$$

检验步骤是以模型 C 为起点，通过序贯检验法完成，我国著名学者张晓峒教授对此进行了高度概括和全面总结[191]。

（二）协整与误差纠正理论

协整是指以获得方程的误差（残差）的平稳性和消除可能的谬误回归（伪回归）的方式而降低方程中的非平稳变量的非稳定阶数。即使单变量非平稳，但它们的线性组合有可能是协整的，甚至可能是平稳的。一组 r 阶单整序列协整的充分必要条件是，这些序列存在某个线性组合（权重不全为 0）是一个低于 r 阶的单整序列，这种关系称为协整关系[192]。

如果一组变量之间存在长期均衡关系，则称这些变量是协整的，具有协整关系的非平稳因变量与解释变量不会导致伪回归。如果一个时间序列经单位根检验判定是非平稳的，传统作法是利用差分使其变成平稳，差分的结果将造成原序列大量有用信息的损失，这些信息往往包含着由经济理论所提供的原变量之间的均衡关系。美国学者施图德蒙德（Studenmund A H）认为，只有残差检验判定是协整的变量，才能够进行差分变换。因此，若非必要应尽量避免使用差分[193]。

若向量时间序列是协整的，则意味着变量具有公共的组成部分，因而能将其简化，得到更简单的，能提供信息的数据结构。假设 $d=b=1$，多元 Wold 分解表达式为

$$(1-L)y_t=\Delta y_t=\bar{\Psi}(L)\boldsymbol{\varepsilon}_t=[\Psi_0+\Psi_1 L+\cdots]\boldsymbol{\varepsilon}_t$$

其中　L 为标量滞后操作数；

$\Delta=(1-L)$；

$\boldsymbol{\varepsilon}_t$ 为白噪声过程的 $n\times 1$ 向量。

假设存在权值为 γ 向量，满足 $z_t=\gamma' y_t\sim I(0)$，则

$$\gamma'\overline{\Psi}(1)=\gamma'[\sum_{j=0}^{\infty}\Psi_j]=0$$

以初值 y_0 与 $\varepsilon_0=\varepsilon_1=\cdots=0$ 为条件，则连续代入求得

$$y_t=y_0+\overline{\Psi}(1)(1+L+L^2+\cdots+L^{t-1})\varepsilon_t+\overline{\Psi}^*(L)\varepsilon_t$$

令 $\overline{\Psi}(1)=A^*B^*$，$A^*$ 为 $n\times(n-r)$ 矩阵，B^* 为 $(n-r)\times n$ 矩阵，$\tau_t=(1+L+L^2+\cdots+L^{t-1})B^*\varepsilon_t$，则 $y_t=y_0+A^*\tau_t+\Psi^*(L)\varepsilon_t$，初始条件为$\tau_0=0$。

由于在维数上τ_t 小于 y_t，τ_t 反映系统的长期趋势。y_t 为协整意味着存在一些潜在变量影响很多分离的随机变量的增长。

变量协整等价于存在一个可以避免长期关系中误差累积的调整过程，即误差纠正模型。误差纠正模型通常用于长期平衡分析与短期动态调整。

可将协整矩阵分为 $\Gamma=(\Gamma_1,\Gamma_2)$，其中 Γ_1 是非奇异 $r\times r$ 矩阵。用 Γ_1^{-1} 左乘 Γ，得到更正的协整矩阵 $\Gamma^*=(I_r,-K)$，其中 $K=-\Gamma_1^{-1}\Gamma_2$. 同理令 $y'_t=(y'_{1t},y'_{2t})$，系统可表为

$$y_{1t}=Ky_{2t}+\mu_{1t}$$

$$\Delta y_{2t}=\mu_{2t}$$

其中　$\mu'_t=(\mu'_{1t},\mu'_{2t})$假设为可逆平稳过程，$y_{2t}=\Delta^{-1}\mu_{2t}$即共同趋势。

可表示为

$$\begin{bmatrix}I_r & 0\\ 0 & \Delta I_{n-r}\end{bmatrix}\begin{bmatrix}I_r & K\\ 0 & I_{n-r}\end{bmatrix}\begin{bmatrix}y_{1t}\\ y_{2t}\end{bmatrix}=\begin{bmatrix}\mu_{1t}\\ \mu_{2t}\end{bmatrix} \tag{2.7}$$

其中　$\mu_t=\begin{bmatrix}\mu_{1t}\\ \mu_{2t}\end{bmatrix}=[C_1(L)\quad C_2(L)]\begin{bmatrix}\varepsilon_{1t}\\ \varepsilon_{2t}\end{bmatrix}=C(L)\varepsilon_t$，

$\varepsilon_t=(\varepsilon'_{1t},\varepsilon'_{2t})'$为 $n\times 1$ 白噪声过程向量。

假设 $C(L)$可逆，令 $C^{-1}(L)=[C_1^{-1}(L)\quad C_2^{-1}(L)]$，并左乘式(2.7)得

$[C_1^{-1}(L)\quad C_2^{-1}(L)]\begin{bmatrix}I_r & 0\\ 0 & \Delta I_{n-r}\end{bmatrix}\begin{bmatrix}I_r & K\\ 0 & I_{n-r}\end{bmatrix}\begin{bmatrix}y_{1t}\\ y_{2t}\end{bmatrix}=\begin{bmatrix}\varepsilon_{1t}\\ \varepsilon_{2t}\end{bmatrix}$，令

$$\Lambda(L)=[C_1^{-1}(L)\quad C_2^{-1}(L)]\begin{bmatrix}I_r & 0\\ 0 & \Delta I_{n-r}\end{bmatrix}\begin{bmatrix}I_r & K\\ 0 & I_{n-r}\end{bmatrix} \tag{2.8}$$

再令 L 的幂系数相等,可得

$$\Lambda(L)=\Lambda(1)+(1-L)\Lambda^{*}(L) \tag{2.9}$$

$|\Lambda^{*}(L)|=0$ 的根位于单位圆外,且

$$\Lambda(1)\ =\ C_1^{-1}(1)[I_r\quad -K] \tag{2.10}$$

将式(2.9)和(2.10)分别代入式(2.8)得到

$$\Lambda^{*}(L)\Delta y_t=\Pi y_{t-1}+\varepsilon_t \tag{2.11}$$

其中　$\Pi=-C_1^{-1}(1)[I_r\quad -K]$。

式(2.11)左端是 y_t 变化的向量自回归 $I(0)$,右端也应为 $I(0)$,经推理可知 $[I_r\quad -K]y_t$ 必然平稳,即协整向量矩阵 $\Gamma^{*}=(I_r,-K)$。令 $z_t=\Gamma^{*}y_t$ 代表与平衡的偏差,式(2.11)即向量误差纠正模型,z_{t-1} 可根据式(2.11)部分加以调整。若变量间无协整关系,则模型中无误差纠正项。

(三)格兰杰因果关系理论

本书研究的主要目标是确定变量之间的互动关系。因果关系是互动关系存在的必要条件。因果关系是指变量之间的依赖性,作为结果的变量是由作为原因的变量所决定的,原因变量的变化引起结果变量的变化。即使已知经济理论揭示了变量间具有内在因果关系,也需要经验实证的支持。

时间序列方法推断的变量之间因果关系通常指格兰杰因果关系。它的定义是:令 $F(A|B)$ 代表 A 对 B 的条件分布函数,Ω_t 代表在时间 t 的信息集,包含 x_t,y_t 的过去值,它们分别表示为 $\bar{X}_t=\{\cdots,x_{t-2},x_{t-1}\}$,$\bar{Y}_t=\{\cdots,y_{t-2},y_{t-1}\}$. 令 $\Omega_t-\bar{X}_t$ 表示从 Ω_t 中剔除 $\bar{X}_t$,若对于所有的 $j\geqslant 0$,均有

$$F(y_{t+j}|\Omega_t)=F(y_{t+j}|\Omega_t-\bar{X}_t) \tag{2.12}$$

则称对于 Ω_t 信息集来说,x 不是 y 的格兰杰成因。这一概念基于两个假设条件:将来不影响过去(时间不可逆),因果关系仅发生在过去对现在与未来的作用;包含别处不出现的关于效果的唯一信息的原因。

具体操作方法是令 $\Omega_t=\{\boldsymbol{w}_{t-j},j=1,2,\cdots\}$,其中 $\boldsymbol{w}_t$ 为随机变量固定 n 维向量,包含 x_t 与 y_t,$\sigma^2(A|B)$ 表示给定条件 B 下 A 的最小均方预测误差。如果 $\sigma^2(y_t|\Omega_t)<\sigma^2(y_t|\Omega_t-\bar{X}_t)$,则依照定义 x 格兰杰引起 y,记为 $x\Rightarrow y$。若存在双向关

系，常称反馈，即 $\sigma^2(y_t|\Omega_t)<\sigma^2(y_t|\Omega_t-\bar{X}_t)$ 且 $\sigma^2(x_t|\Omega_t)<\sigma^2(x_t|\Omega_t-\bar{Y}_t)$，记为 $x\Leftrightarrow y$。

对于平稳双变量系统，由 Wold 定理的移动平均（MA）形式为

$$\begin{pmatrix} y_t \\ x_t \end{pmatrix} = \bar{\Psi}(L)\varepsilon_t = \begin{bmatrix} \phi_{11}(L) & \phi_{12}(L) \\ \phi_{21}(L) & \phi_{22}(L) \end{bmatrix}\begin{bmatrix} \varepsilon_{1t} \\ \varepsilon_{2t} \end{bmatrix}$$

在 MA 可逆条件下，变换为自回归（AR）形式为

$$\begin{bmatrix} \varphi_{11}(L) & \varphi_{12}(L) \\ \varphi_{21}(L) & \varphi_{22}(L) \end{bmatrix}\begin{pmatrix} y_t \\ x_t \end{pmatrix} = \begin{bmatrix} \varepsilon_{1t} \\ \varepsilon_{2t} \end{bmatrix}$$

则"y 格兰杰引起 x"有下列等价条件：$\phi_{21}(L)=0$；$\phi_{21}(L)=0$；由 x_t, x_{t-1}, x_{t-2}，…得到的 y_t 最小二乘估计与给定 $\{x_t\}(t=\cdots, t-1, t, t+1, \cdots)$ 时得到的估计相同；若 $y\Rightarrow x$ 不成立，则 $x\Rightarrow y$ 存在 y 对于分布滞后形式的 x 的唯一表达式为

$$y_t = \sum_{j=0}^{\infty}\beta_j x_{t-j} + \sum_{j=0}^{\infty}\Psi_j\varepsilon_{t-j}$$

其中　$E(x_s\varepsilon_s)=0$.

目前格兰杰因果关系检验有多种方法，也不断在丰富和发展[194]，普遍运用 F 检验和 χ^2 检验。

二、非线性科学理论

20 世纪 60～70 年代，国际科学界对现代数理科学中的非线性问题给予高度关注，非线性科学理论框架逐步形成和发展，在很多方面取得了巨大的历史性突破。以普利高津（Prigogine Ilya）的耗散结构理论、哈肯（Haken Hermann）的协同学、托姆（René Thom）的突变论、艾根（Eigen M）的超循环理论、曼德布罗特（Mandelbrot B B）的分形几何学、美国气象学家洛伦兹（Lorenz E N）的混沌理论为代表的非线性科学在人们的思维方式和分析方法上都发挥了重要作用，有学者称之为第三次科学革命，对当代科学进步和人类发展具有重要的指导意义。

本书主要在第五、六、七章综合运用耗散结构理论、突变论、混沌理论等非线性科学理论进一步分析、探索和揭示城市会展经济系统的互动关系。

(一)耗散结构理论

耗散结构理论是由布鲁塞尔学派的代表人物普利高津(Prigogine Ilya)基于最小熵产生原理提出的,在本书第五章将用到它。最小熵产生原理是指熵产生率 $p=\sum_i L_{ij}X_iY_j\geqslant 0$,唯象系数矩阵 L 正定,X_i 表示不可逆力,Y_i 表示不可逆流。即热力学系统总是朝平衡态或尽可能靠近平衡态的目标演化,朝着无序、均匀、低级和简单的方向发展。平衡态是最均匀最无序的状态,是一种没有结构的状态。克劳修斯(Clausius Rudolf Julius Enmanvel)将其推广提出“宇宙热寂理论”,这显然与达尔文(Darwin Charles Robert)的进化论矛盾。

耗散结构理论的提出解决了克劳修斯提出的宇宙热寂理论和达尔文的进化论之间的矛盾,建立了两者之间的桥梁和纽带,实现了理论上的统一,这是它的最大理论贡献。

耗散结构理论的主要观点是:一个远离平衡态的开放系统,不可逆流 Y_i 和不可逆力 X_i 不再保持线性关系,最小熵原理失效,且当外界条件或系统的某个参量变化到一定的临界值时,系统通过涨落发生非平衡相变,能从无序状态转变为一种时间、空间或功能有序的新状态。这种在远离非平衡线性区形成的,需要依靠不断地与外界交换物质、能量和信息来维持(或形成)新的宏观有序的稳定结构,称为耗散结构。系统在一定条件下能自发产生的组织性和相干性称为自组织现象。

耗散结构是在远离平衡区的非线性系统中所产生的一种稳定化的自组织结构。耗散结构理论研究开放系统由混沌无序的初始平衡状态向稳定有序的组织结构进行演化的机理、条件、过程和规律,描述和揭示系统在临界点附近的相变条件和行为[195]。在一个非平衡系统内有许多变化着的因素,它们相互联系、相互制约、相互依赖、相互渗透,并决定着系统的可能状态和可能的演变方向。这些因素可以归纳为两类:其一是广义流,其二是广义力,而且广义流依赖于广义力。

一个典型的耗散结构的形成与维持,系统需要具备6个基本条件:系统必须是开放系统;必须处于远离平衡的非线性区;必须有正反馈;必须是非线性动力学过程;必须有临界值;必须有涨落。

耗散结构理论的基本原理和推导过程可分为如下3部分[196]：

1. 开放系统的熵原理

一个开放系统在时间间隔 dt 内熵 S 的变化 dS 由两个部分组成，即

$$dS = d_eS + d_iS$$

其中　d_eS 是因系统与环境交换物能而引起的熵流，可正可负可零；

d_iS 是因系统内部的可逆或不可逆过程而引起的熵产生，可逆过程 $d_iS = 0$，不可逆过程 $d_iS > 0$。

对于孤立系统 $d_eS = 0$，$dS = d_iS \geqslant 0$；对于开放系统，若 $d_eS < -d_iS$，则 $dS < 0$。

2. 局域平衡假设

为了在非平衡态研究中使用平衡态热力学概念和原理，需作局域平衡假设，即对于一个在整体上处于非平衡的系统，假设它的各个部分都处于平衡。假设内容为：该系统由大量或无限多个体积元（即局域）组成；该系统每个体积元都处于平衡态；该系统每个体积元所含微观粒子数满足统计要求。根据系统的内含变量在各局域的边界是否连续，可将其分为“非连续系”和“连续系”。耗散结构理论所研究的是“连续系”。

基于上述假设和约束利用平衡态热力学和连续介质力学等方面知识，可写出非平衡系统中的如下3个方程：

（1）连续性方程。在非平衡系统中，一切状态变量是时间和空间位置的函数。在连续系中，对于任何守恒量，其流量 J 的散度 $\mathrm{div}\, j$ 和密度 ρ 对时间的导数有

$$\frac{\partial \rho}{\partial t} = -\mathrm{div}\, j$$

在直角坐标系中，散度的显式为

$$\mathrm{div}\, j = \frac{\partial j_x}{\partial x} + \frac{\partial j_y}{\partial y} + \frac{\partial j_z}{\partial z}$$

（2）质量守恒方程（反应扩散方程）。若系统内除了扩散类反应外，还有化学类反应，那么

$$\frac{\partial \rho_i}{\partial t} = -\mathrm{div}\, j_i + \sum_{j=1}^{n} v_{ij} w_j$$

$$\frac{\partial \rho_t}{\partial t} = D \nabla^2 \rho_i + \sum_{j=1}^{n} v_{ij} w_j$$

也可写作

$$\frac{\partial \rho_i}{\partial t} = D_i \nabla^2 \rho_i + f_i(\{\rho_i\})$$

在上述方程中，ρ_i 为第 i 种组分的质量密度；D_i 为第 i 种组分的扩散系数；v_{ij} 为第 i 种组分在第 j 种化学反应中的化学计量系数，w_j 为第 j 种化学反应的反应率；拉普拉斯算子 $\nabla^2 = \frac{\partial^2}{\partial x^2} + \frac{\partial^2}{\partial y^2} + \frac{\partial^2}{\partial z^2}$。

(3)熵守恒方程。对于局域熵 S_v，守恒方程为

$$\frac{\partial S_v}{\partial t} = \text{div}\, j_s + \sigma$$

其中　j_s 是熵流，由扩散类反应引起；

σ 为局域熵产生，由化学类反应引起。

根据熵广延量，具有可加性，可对上式积分，可得总熵对时间的微分为

$$\frac{\mathrm{d}S}{\mathrm{d}t} = \frac{\partial}{\partial t}\int S_v \,\mathrm{d}v = -\int \text{div}\, j_s \mathrm{d}v + \int \sigma \mathrm{d}v = \frac{\mathrm{d}_e S}{\mathrm{d}t} + \frac{\mathrm{d}_i S}{\mathrm{d}t}$$

3. 平衡态、近平衡态、远离平衡态及其稳定性

在非平衡系统中，存在着热力学力(如密度梯度、温度梯度、化学亲和势、电势梯度等)和热力学力产生的热力学流(如粒子力、热流、化学反应率、电流等)。现在用 J_k 表示第 k 种不可逆过程的流，用 X_l 表示第 l 种不可逆过程的力，则可以认为 J_k 是 X_l 的函数 $J_k = J_k(\{X_l\})$，以平衡态为参考态，作泰勒展开，得

$$J_k(\{X_l\}) = J_k(\{X_{l,0}\}) + \sum_l \left(\frac{\partial J_k}{\partial X_l}\right)_0 X_l + \frac{1}{2}\sum_{l,m}\left(\frac{\partial^2 J_k}{\partial X_l \partial X_m}\right) X_l X_m + \cdots$$

在平衡区，力和流皆为零，只剩上式右端首项，即 $J_k(\{X_{l,0}\}) = 0$.

在近平衡区，仅保留线性项，忽略 2 次及以上高次项，得

$$J_k = L_{kl} X_l$$

其中　$L_{kl} = \left(\frac{\partial J_k}{\partial X_l}\right)_0$

在近平衡区，流和力近似保持线性关系，称之为线性平衡区。

在远离平衡区，力和流超过一定值，至少必须保留到 2 次项。这样，系统就处在非线性非平衡区。

为了考察系统在这 3 个区域的稳定性，将熵 S 和熵产生率 P 以定态为参考态展开，得

$$S = S_0 + \delta S + \frac{1}{2}\delta^2 S + \cdots$$

$$P = P_0 + \delta P + \frac{1}{2}\delta^2 P + \cdots$$

局域熵产生 σ 为

$$\sigma = \sum_k J_k X_k$$

利用李亚普诺夫（Ляпунов Алексей Андреевич）稳定性理论可知，对于平衡区，李亚普诺夫函数是熵 S，由于 $S > 0$，$\frac{dS}{dt} = 0$，所以定态是稳定的。对于线性平衡区，李亚普诺夫函数是熵产生 P，因 $P \geqslant 0$，$\frac{dP}{dt} \leqslant 0$，所以定态是渐近稳定的，即在线性非平衡区不可能产生新的有序结构。

非线性非平衡区的情况很复杂，在这一区域熵并不具有极值行为，最小熵产生原理也失效，熵 S 和熵产生 P 都不能作为李亚普诺夫函数。但是，当有关方程中边界条件与时间无关时，可证明 $\delta^2 S \leqslant 0$ 及 $\frac{d}{dt}\left(\frac{1}{2}\delta^2 S\right) = \delta x P$，可以将超熵 $\delta^2 S$ 当作李亚普诺夫函数，并且超熵产生 $\delta x P$ 可作为系统稳定性判据，当 $\delta x P > 0$ 时，系统稳定，当 $\delta x P < 0$ 时，系统不稳定，当 $\delta x P = 0$ 时是临界态。

耗散结构理论成功地解释了物理和化学领域的某些非线性非平衡系统中出现的自组织现象，为远离平衡系统的研究奠定了基础。耗散结构理论适用于描述缓慢变化的非平衡连续系统。正如普利高津指出的，耗散结构理论具有普适性，绝大多数宏观系统都是耗散系统，无论是生物、物理、化学领域，还是社会、经济、管理领域。耗散结构理论应用广泛，成为现代科学的理论基础和研究工具。耗散结构理

论在物理、化学和生物学领域的运用已取得了丰硕成果，而在管理学、经济学和社会学领域的研究成果则相对欠缺，目前大多流于简单的表面现象描述，有价值的实证分析成果依然缺乏。

（二）突变理论

法国数学家勒内·托姆（Thom René）于1972年发表的《结构稳定性和形态发生学——建模一般理论概要》标志着突变论（Catastrophe Theory）的诞生。突变论在数学上属于微分流形拓扑学的一个分支，是关于奇点的理论。它的主要出发点是分叉理论和奇异性理论，以及结构稳定性概念。

突变论通过一个合理的数学模型来描述现实世界中产生的突变现象。托姆证明了初等突变的基本类型主要由控制参量的个数 r 决定。当 $r \leqslant 4$ 时，有7类基本突变，见表2.1。

表2.1　初等突变基本类型

Figure 2.1　Basic Types of Primary Catastrophe

突变类型	控制参量个数	势函数
折叠突变	1	$x^3 + ux$
尖点突变	2	$x^4 + ux^2 + vx$
燕尾突变	3	$x^5 + ux^3 + vx^2 + wx$
椭圆脐点突变	3	$\frac{1}{3}x^3 - xy^2 + w(x^2 + y^2) - ux + vy$
双曲脐点突变	3	$x^3 + y^3 + wxy - ux - vy$
蝴蝶突变	4	$x^6 + tx^4 + ux^3 + vx^2 + wx$
抛物脐点突变	4	$y^4 + x^2y + wx^2 + ty^2 - ux - vy$

突变论特别适用于研究内部作用很难确定，但在宏观上已观察到有不连续现象的系统。它的分析工具是奇点理论和拓扑等价。函数的极值就是最简单的奇点。它的最大优点是在没有确定性微分方程的情况下，也能预测系统的定性性态，而几乎不需要任何初始假设。

突变论最重要的定理是剖分引理，本书第五章起将用到它。剖分引理的基本内容:设$f:R^n \to R$是一个光滑函数,它在0有一个退化临界点,且Hessen矩阵的秩为r,余秩数为$n-r$,则在0附近,f等价于函数

$$\pm x_1^2 \pm x_2^2 \cdots \pm x_r^2 + \hat{f}(x_{r+1}, x_{r+2}, \cdots, x_n)$$

其中 $\hat{f}:R^{n-r} \to R$是光滑的。

作线性坐标变换,可以把f在0处的Hessen矩阵变换为

$$\begin{bmatrix} \left.\begin{matrix} 1 & & & & & \\ & \ddots & & & & \\ & & 1 & & & \\ & & & -1 & & \\ & & & & \ddots & \\ & & & & & -1 \end{matrix}\right\} r & 0 \\ 0 & 0 \end{bmatrix}$$

根据隐函数定理,将集合

$$\left\{ u \in R^n \,\middle|\, \frac{\partial f}{\partial u_1} = \cdots = \frac{\partial f}{\partial u_r} = 0 \right\}$$

表示为局部光滑函数$g:R^{n-r} \to R^r$的图像为

$$\{(g_1(u_{r+1}, u_{r+2}, \cdots, u_n), g_2(u_{r+1}, u_{r+2}, \cdots, u_n), \cdots, g_r(u_{r+1}, u_{r+2}, \cdots, u_n), u_{r+1}, u_{r+2}, \cdots, u_n)\}$$

借助g可以投影到$(u_{r+1}, u_{r+2}, \cdots u_n)$轴,即构造局部微分同胚$\varphi:R^n \to R^n$

$$\varphi(u_1, u_2, \cdots, u_n) = (u_1 - g_1(u_{r+1}, \cdots, u_n), \cdots, u_r - g_r(u_{r+1}, \cdots, u_n), u_{r+1}, \cdots, u_n)$$

设$F = f^\circ \varphi$,则每个函数

$$F_{u_{r+1}, \cdots, u_n}: R^r \to R,$$

$$(u_1, u_2, \cdots, u_n) \to f(0, 0, \cdots, 0, u_{r+1}, u_{r+2}, \cdots, u_n)$$

在R^r的原点都有一个Morse奇点(未必为0),该值为

$$\hat{f}(u_{r+1}, u_{r+2}, \cdots, u_n) \to f(0, 0, \cdots, 0, u_{r+1}, u_{r+2}, \cdots, u_n)$$

再利用Morse引理的结论,得到

$$F(u) = \hat{f}(u_{r+1}, u_{r+2}, \cdots, u_n) \pm u_1^2 \pm \cdots \pm u_r^2$$

剖分引理的重要作用在于把变量分为实质性变量与非实质性变量两大类。实

质性变量与函数性态和结构稳定性有关,非实质性变量与结构稳定性无关。实质性变量对应退化部分,非实质性变量可以忽略,函数的突变类型或性态仅取决于为数不多的实质性变量数目 $n-r$,即函数 f 的余秩数,等于 Hessen 矩阵的余秩数,使分析大为简化[197]。

英国数学家克里斯托弗·齐曼(Erik Christopher Zeeman)对分类定理给出了严格的数学证明,对突变论的发展发挥了重要作用。托姆和齐曼提出将奇异性理论与其应用的结合称作突变理论。俄国数学家阿诺尔德(Владимир Игоревич Арнольд)对突变理论进行了更深入地分析和阐述[198]。

突变理论广泛应用于数学、生物学、力学和物理学等,借助突变理论不仅能加深对已有定律的认识,而且还能得到一些新的成果。在管理学、经济学、社会学等领域也有一定应用,但定量分析不多。

(三)混沌理论

混沌理论是研究混沌的特征、实质、发生的机制、控制与利用的较新学科。混沌是一种组成成分未分离的浑然整体,不可能通过分析、还原的方法去认识,只能靠直觉去领悟,作整体的把握。法国科学家庞加莱(Poincare J H)通过研究天体运动最早发现了混沌现象。1963 年美国气象学家洛伦兹(Lorenz E N)模拟大气湍流时发现确定性方程也可以得到类似随机性的结果。最早用 Chaos 表示混沌的学者是李天岩和约克(York J)。

混沌具有初值敏感性、非整数维等特征[199]。混沌是信息自创生性的过程,混沌是摆脱了简单有序性和确定性可预见性束缚的动力学过程,因此,混沌也许是各种自组织过程的内在机制。有学者认为,大自然的多样性、丰富性、奇异性、复杂性均源自于混沌,包括人们现在面对的丰富多彩、不断进化的真实世界。混沌理论的研究对象是系统从有序突然变为无序状态的一种演化理论,是对确定性系统中出现的伪随机过程形成的途径、机制的探讨。本书第五章和第七章将用到它。

混沌理论无论是在系统思想、系统原理上,还是在系统方法上都对现代系统科学产生了巨大影响,极大地丰富和发展了现代系统科学。混沌理论的最大理论贡献是在确定性与随机性、有序与无序、简单与复杂之间架起了桥梁。打破了人们原有的还原论思想,揭示了即使已知事物发展变化的规律也不能完全预言未来的结果,实现了经典牛顿(Isaac Newton)力学确定性方程的决定性与安德森(Anderson P)和威尔森(Wilson K)统计力学随机性方程的非决定性的内在统一。混沌现象是双刃剑,在实际应用中需要谨慎应对。合理利用混沌特性可以实现系统优化,处理不当则可能会对系统造成严重危害。混沌现象几乎无处不在,混沌理论目前应用十分广泛,研究成果较丰富。

三、复杂系统理论

20 世纪 80 年代,国际上越来越关注事物之间的复杂性,复杂性科学也应运而生。复杂性科学是研究复杂性与复杂系统中各组成部分之间的相互作用所涌现出复杂行为、特性与规律的科学。部分先知先觉的社会科学家对非线性和复杂性科学给予了高度关注,利用这些最新科学理论,不但揭示了很多以前无法解释的现象,而且发现了很多新理论和新规律。本书重点在第七章城市会展经济系统的仿真分析中运用复杂性理论。

(一)基本概念

1. 简单性

爱因斯坦(Albert Einstein)理解的简单性是指用尽可能少的基本概念和公理组成的简洁而深刻的理论框架,以反映丰富的现象与变化的规律[200]。简单性可以概括为:(1)自然的规律性;(2)自然的可还原性;(3)事物的运动过程是可逆的,事物不会有演化发展的历史;(4)使研究的对象孤立,不考虑环境因素的影响[201]。

2. 复杂性

复杂性没有统一概念。复杂性介于随机和有序之间,是随机背景上无规则地组合起来的某种结构和序。系统复杂性主要表现为[202~203]:(1)系统各单元之间的联系广泛而紧密,单元之间相互影响,并会引起其他单元的变化;(2)系统具有多层次、多功能的结构;(3)系统必须是开放的,它与环境有密切的联系,能与环境相互作用,并能不断向更好地适应环境的方向发展变化;(4)系统是动态的,它不断处于发展变化之中,而且系统本身对未来的发展变化有一定的预测能力;(5)系统能够学习并对其层次结构与功能结构进行重组及完善。

3. 简单系统

简单系统是指系统整体行为可以由其组分的行为来获得,被简称为“整体等于部分之和”,即满足叠加原理的系统称为简单系统。

4. 复杂系统

复杂系统是相对简单系统而言的,无统一定义。1999 年 4 月,美国科学杂志出版“复杂系统”专辑时,对复杂系统是这样描述的:通过一个系统的分量部分(子系统)的了解,不能对系统的性质作出完全的解释,就称这样的系统为复杂系统。美国科学家西蒙(Herbert Alexander Simon)认为,复杂系统指的是由许多部件组成的系统,这些部件的性质和它们的相互作用不是简单的。在这种系统中,整体大于部分之和。也就是说,即使已知部件的性质和它们相互作用的规律,也很难把整体的性质推断出来[204]。

(二)复杂系统研究对象

复杂系统的研究对象包括自然现象、物理现象、生物现象、社会现象、经济现象等。概括起来,复杂系统以具有下列特性的系统为研究对象:不关心系统组分的组成,只关心其功能、行为及相互关系;相互关系的规则比较简单,但通过规则的迭代性重复,使系统整体产生复杂的行为;组分与组分间非线性、并行、分散地相互影响,具有涌现性特征;系统的行为受每个组分及其相互作用的影响,不能独立地描述整个系统,而且系统的行为也是不可预测的。

(三)复杂系统特征

李士勇教授对复杂系统的复杂性的总结最为全面:(1)非线性。非线性的实质是:相互联系的事物是相互影响、相互制约、相互依存的,非线性是复杂性之源。(2)多样性。社会系统、经济系统等的整体行为都具有多样性。系统性能的多样性决定了系统功能的多样性。(3)多层性。复杂系统往往具有层级结构。(4)涌现性。系统科学将整体具有而部分不具有的特性,称为涌现性[205]。涌现现象来源于非线性。(5)不可逆性。生态系统、社会经济系统等复杂系统都不具有可逆性。(6)自适应性。复杂系统具有进化特征,系统会朝着有利于自身存在的方向自我调整、自主适应内外环境变化。(7)自组织临界性。它是指复杂系统在远离平衡的临界态上,通常并不遵循一种平缓的、渐进的演化方式,而是以阵发的、混沌的、类似雪崩式的方式演化。(8)自相似性。社会系统、经济系统等领域都存在自相似性。(9)开放性。系统具有开放性指“系统本身与系统周围的环境有物质、能量、信息的交换,由于有这些交换,所以是开放的”[206]。(10)动态性。具有自组织、自调整的复杂系统都有某种动力。

现代会展包含了会展活动、会展产业和会展经济的多层次、多元素内涵,又是一种城市经济,完全可把它当做复杂系统来对待。

(四)社会经济领域复杂系统理论研究的主要学派

复杂系统理论又称复杂性理论或复杂性科学,宋学锋教授给的定义是:复杂性科学就是运用非还原论方法研究复杂系统产生复杂性的机理及其演化规律的科学。在20世纪60年代和70年代期间,托姆(Thom René)的突变论数学,普利高津(Prigogine Ilya)的耗散结构理论,哈肯(Haken Hermann)的协同学,安德森(Anderson Philip W)和威尔森(Wilson Kenneth Geddes)的统计力学方法都可能对自组织系统达成新的理解。同时,对作为复杂系统的自然系统的“质的”建模在生物学中随着雅各布(Jacob Francois)对细胞高分子网络的加工和华丁顿(Waddington Conrad Hal)对多细胞生物形态生成的后生情景的研究而逐步发展,而在社会科学中随着熊彼特(Schumpeter Joseph Alois)的进化理性主义经济学及哈耶克(Hayek Friedrich August)和西蒙(Simon Herbert Alexander)的认知经济学而发展。国际上,复杂性科学以计算机模拟为手段,理解和把握世界上的一些大规模系统的共同复杂性规律——如环境、人类社会、生命体等,提供关于复杂性的新思想和新方法。这些新观念,包括突变论、耗散结构理论、混沌学、遗传算法、“元胞自动机”、人工生命和人工社会等[207]。根据美国乔治·梅森大学(George Mason University)沃菲尔德(Warfield J N)教授的介绍和我国著名学者成思危教授的总结,目前美国已形成了5大学派。其主要学术观点及研究方向见表2.2。

复杂性科学已成为当今世界科学发展的前沿和热点,美国学者考温(Cowan G)将复杂性科学称为“21世纪的科学”。人类发展历史表明,自然科学每一次理论与方法的重大变革,都成为其他领域创造性思维的源泉。因此,复杂性科学的兴起必然会对系统科学的发展带来深远的影响[208]。复杂系统的应用研究领域有:(1)知识管理、信息科学;(2)集群特征研究;(3)可持续发展研究;(4)金融领域研究;(5)其他领域。

表 2.2　复杂性科学主要流派

Table 2.2　Main Schools of Complexity Science

学派名称	代表人物	理论工具	复杂性所在	重要研究方向
混沌学派	Li - York, R. May, M. J. Feigenbaum, R. Day 等人	非线性方程	系统中	物理、经济、生物系统等
结构学派	Piece, Vickers, Warfield 等人	集合论、布尔代数、形式逻辑等	人脑中	经济管理理论、交互式管理
系统动力学派	Senge, Meadows, Forrester 等人	常微分方程与计算机模拟	系统中	组织理论、社会经济系统
自适应系统学派	Kauffman, Arthur Holland, Cowen 等人	偏微分方程	系统中	经济、生物、认知等系统
暧昧学派	一些单独的研究学者	学科交叉	不明确	社会、科学、语言系统等

注:此表来自文献[202]。

本章小结

对城市会展与城市经济的相关概念、含义和特征进行分析和讨论,明确界定了互动关系的含义和特征,对城市会展与城市经济的相关理论发展进行了回顾,对本书运用的相关理论进行了简要介绍。

第三章　城市会展经济系统建构

系统科学的一个基本假设前提是：系统是一切事物的存在方式之一[199]。因而城市会展与城市经济的互动关系可以用系统的观点来考察，用系统方法来描述。假设 X 是系统 S 中全部要素构成的集合，若 S 中所有要素相互关联的特定作用方式能用数学语言的关系概念加以描述，那么可以用 r_{ij} 代表要素 i 与要素 j 之间的关系，令 R 为所有 r_{ij} 的集合，且 X 中不存在 R 的孤立元，则有 $S=(X,R)$。如果把城市会展与城市经济作为一个联合系统 S_E 对待，X_E 是系统 S_E 全部要素构成的集合，那么对两者互动关系的考察就是对系统 $S_E=(X_E,R_E)$ 要素间关系集 R_E 的分析。系统建构需要有科学的理论基础，但由于研究者关注问题的角度和目的不同，建构的系统也各具特色。王众托教授指出：系统建构既是科学又是艺术[209]。

第一节　城市会展经济系统的含义

现代会展产业关联性强，随着城市产业分工的水平一体化和垂直一体化程度加深，很难将它与相关产业严格区分。我国城市会展场馆经营管理公司多数都涉足房地产业，还有一些城市会展经营者同时从事餐饮、娱乐、住宿、旅游等上下游行业[210]。会展中心通常称为"城中城"，它与城市不但具有自相似特征，而且存在着天然的、本质的必然联系。城市会展与城市经济是相互联系、相互依赖、相互影响、相互作用、密不可分的统一有机整体，它们共同构成一个复杂系统，彼此之间具有互动关系，既相互融合又相互依存，既相互促进又相互制约。因而不应把城市会展与城市经济孤立起来分析问题，完全忽视它们的相互包含和相互作用。城市会展与城市经济作为一个有机整体发挥作用，而不是各部分作用的简单叠加。因此，我们将城市会展经济系统的含义理解为:在一定时间和空间条件下,为了实现城市目标和发挥城市功能,城市会展与城市经济按照一定秩序和内部联系构成统一有机整体,记为 CEES。

第二节 系统概念描述

依据许国志、顾基发、车宏安等的观点,系统的结构是指组分及组分之间关联方式的总和,也就是系统把其元素(要素)整合为统一整体的模式;在组分不变情况下,通常将组分的关联方式称为结构,关系集 R 代表系统结构的数学描述[199]。按照这一概念,城市会展与城市经济互动关系隐含于 CEES 的结构中,因此本书研究工作将集中围绕揭示系统结构而进行探索。系统结构分析的主要内容是要素分析、要素间相互关系分析和系统整体属性分析。结构与要素之间关系体现在:结构相对独立性、结构对要素依赖性、要素相对独立性、要素对结构依赖性。系统结构以系统要素为基础,但要素并不能完全决定结构,系统结构取决于各要素及其分布关系。结构赋予系统要素一些区别于孤立要素的新特征,使其与系统整体发生联系。CEES 组成要素的确定通常需要在一个较大范围内进行识别,因而是一个认识不断加深的系统辨识过程。

系统都具有特定功能,对于功能概念不同学者有不同的理解[211],这里仅列举国内较新的观点。王众托教授将功能与目的性相结合,将其表述为:“系统功能和目的是系统整体的功能和目的,是原来各组成部分不具备或不完全具备、只是在系统形成后才具备的系统整体属性。”朴昌根教授将系统功能与要素活动相联系,认为应从 3 个方面来把握:它是系统把输入转换为输出的方式;它是在各要素相互作用中产生的效能总体;它是在与环境的关系中表现出的系统行为。系统功能与要素活动的关系为:系统功能相对独立性、系统功能对要素活动依赖性、要素活动相对独立性、要素活动对系统功能依赖性[196]。CEES 要素活动与功能关系包含了城市会展与城市经济互动关系,通过系统结构得以体现。

结构与功能之间关系问题是目前国际上存在较大分歧的热点话题,理论上尚未达成一致，对此我们认为应将结构研究和功能研究辩证地从互动角度来分析，避免以偏概全。层次性是系统的一个重要性质，它是指不但系统的每一要素可以视为一个子系统，而且系统本身和其他系统可以构成更大的系统。层次是认识系统结构的重要工具，它与涌现性直接相关。层次是自然界和人类社会在从简单到复杂，从低级到高级的发展、进化过程中产生的，低层次是高层次发展的基础，高层次常常具备低层次不具有的性质。对于规模巨大的系统通常需要根据要素的不同特征进行整合，划分为不同的子系统。

本书研究目的在于揭示城市会展与城市经济之间的互动关系，首先确定 CEES 由两个子系统构成：城市会展子系统记为 S_1，城市经济子系统记为 S_2。这里有一个基本公理性假设：城市会展与城市经济是相互影响的。城市会展子系统与城市经济子系统都具有丰富的内部层次结构和大量组成要素，两者都属于复杂系统，因而笔者认为只能从某一层次上来研究系统的结构、状态和特性。城市会展系统 $S_1 = g(X_1, X_2, \cdots, X_n)$，其中 X_i 表示状态变量，g 描述 S_1 的结构；一般情况下，城市经济系统可分解为 $S_2 = f(Y_1, Y_2, \cdots, Y_n)$，其中 Y_i 表示状态变量，f 描述 S_2 的结构；城市会展经济系统为 $S = r(S_1, S_2)$，r 描述 S_1 与 S_2 之间的结构。

第三节 系统结构分析

CEES 是典型的开放动态复杂系统，对于系统内部结构尚未有足够的认识，更接近于“黑箱”。但是根据前文文献综述，以往学者的研究对于系统建模提供了一些很有益的帮助，可以初步选择系统的组成要素。

一、组成要素

恰当地选择系统要素非常重要，它直接决定系统模型是否能反映现实。综合分析数据的可获得性与国内外学者研究成果，城市会展对城市经济增长的影响主要来源是专业观众（会展需求）在当地的支出和会展销售额，其他变量的影响很小而且通常难以保证数据的可靠性。因此，为更好地揭示城市会展与城市经济增长之间的关系,提高检验效力,在城市会展子系统 S_1 中选择参会的专业观众(境外客商人数或采购商规模)和成交金额两个变量作为系统的状态变量较为合适,它们反映会展需求和会展效果,记为 X_1 和 X_2。在这里我们排除了不重要因素的影响并隐含了规模经济的基础假设。由前文文献综述,城市会展对城市经济的影响在三次产业中的作用可能存在差异,笔者认为选择总收入指标很可能会带来系统性的偏差。因此,在城市经济子系统 S_2 中选择城市三次产业的年度国内生产总值为状态变量,分别为 Y_1,Y_2,Y_3,这样做的优点在于不但可以提高检验效力,而且能够得到更丰富的信息。

二、控制参量

控制参量是指系统环境变量构成的集合,它由影响 CEES 运行的主要因素决定。系统环境是指系统之外的一切与它相关联的事物构成的集合。它包括系统无法控制的自然、社会、制度政策、技术等要素。系统环境分析的目的在于区分哪些是系统内部要素,哪些是外部要素,从而确定系统的边界。需要注意的是系统与环境的划分是相对的,系统通常具有环境适应性。对于 CEES,资源(包括自然资源和社会资源)、制度(包括政策、法律和法规等)和市场 3 类因素主要决定了 CEES 外部环境控制参数,简记为 α;城市会展的空间条件(会展场馆)、时间条件(会展会期)、技术条件(包括管理水平、服务质量、创新能力、企业竞争力等)3 类,它们联合作用决定系统内部环境控制参数 β。

三、建模方法与原则

系统分析有时靠直觉,有时靠逻辑推理,最普遍的是靠建立模型来研究。系统模型是一个系统某一方面本质属性的描述,它以某种确定的形式(符号、图表、数学公式等)提供关于该系统的知识。适用的系统模型具有 3 个主要特征:它是现实系统的模仿或抽象;它由反映系统本质(特征)的主要因素构成;它集中体现这些主要因素之间的关系。模型作为一种工具,是对原系统某一个方面属性的描述,因此,根据研究目的不同选择的模型类型也当然存在一定差异。但是正如绝大多数学者们指出的那样,建立系统模型来真正解决问题是有较高难度的,不仅需要综合运用各种技术手段和科学知识,充分开发人的创造力,还必须遵循科学的建模方法和建模原则才能得到更加适用的系统模型。

(一)建模方法

从具体应用范围角度来看,建模方法一般分为5种[212]:(1)实验法。适用于内部结构特性不清或者难以弄清的系统,即"黑箱"或"灰箱"系统,若具备实验条件,可根据实验的输入输出关系,通过辨识建模。(2)推理法。适用于内部结构特性清楚或容易分析清楚的系统,即"白箱"系统。(3)统计分析法。对于不允许进行实验观察的"黑箱"或"灰箱"系统,可采用数据收集和统计分析的方法建立系统模型。(4)类似法。对于结构清楚,但模型的数量描述和求解困难的系统,可以利用类比原则,按对应关系求得原系统的类似模型。(5)混合法。大部分系统模型的建立常需要多种方法综合运用。

根据方法论,基本可分为演绎法、归纳法和综合法[213]。(1)分析法同演绎法,也称理论法或机理法,是从一般到特殊的过程,将模型当作从一组前提假设经过演绎而得到的结果。现实数据用来证实或否定原假说。演绎法最重要的核心是它的存在性问题。前提假设是值得深入探讨的焦点问题。(2)测试法同归纳法,又称实验建模或系统辨识,是从特殊到一般的过程。归纳法是从系统描述分类中最低一层开始的,力求推断更高层次的信息。选择的非唯一性是归纳法的重要障碍,它源于数据集合的有限性。任意描述方式均可实现对数据的外推,如何附加最少量的信息来完成这种外推是具有争议的重要问题。(3)综合法。

本书在探索城市会展与城市经济互动关系过程中采用实证分析与规范分析相结合,即归纳法与演绎法的交替运用,从方法论来看属综合法。演绎法是理论研究中普遍采用的主要方法,但通常局限于一些简单系统,而且在建模过程中必须做一些有利自身的前提假设来简化数学求解问题。归纳法无需深入了解系统机理,但必须设计科学合理的检验方法,以获得系统最大信息量。这两种方法各具优势,也都存在明显缺陷,实际应用中只可相互补充,无法相互取代。综合法结合两者优点,即运用分析法推导系统理论数学模型,运用系数辨识法来确定模型参数,往往效果更好,且建立的数学模型有较明确的实在含义。

系统科学更重视系统演化过程,模型主要采用动力学方法描述。本书重点采用了这一方法。系统动力学是数学理性化的范式和方法,核心是利用广义流场的概念,认为系统在一定观测层次上所有宏观变化都可以视为流场中的物质、能量、信息流,它受广义源(source)和汇(sink)之间“热力学熵产生”$P=\frac{dS}{dt}$驱动。在流场中存在的广义力 X 大小取决于源和汇的“距离”,即 $X=d(source,sink)$。广义力 X 通常代表梯度或势等,它驱动着流场中的不可逆过程。在临界点 X_0 处,非线性作用机制将流场中某一部分的微张落放大形成新“汇”,流场中的流受其吸引自然涌现出有序整体,即系统结构的演化。

系统仿真方法与系统动力学建模密切相关。它是通过建立和运行计算机仿真模型模仿实际系统运行状态及其随时间变化的规律,以实现在计算机上进行实验的全过程。通过对仿真运行过程的观察和统计,得到被仿真系统的输出参数和基本特性,以此来估计和推断实际系统的真实参数和性能。它的理论基础是控制论,有 3 个基本要素:系统对象、系统模型、计算机工具。

本书在第七章运用该方法对 CEES 因存在互动关系所涌现出的整体特性进行了仿真研究。系统仿真是一种有效的“实验”手段,节省了人们对系统运动规律以及未来特性认识的时间和精力。系统仿真的输出结果在仿真过程中由软件自动给出,比较客观。系统仿真面向实际过程和系统问题建立系统的内部结构关系模型,可以方便地通过计算机仿真实验求解,避免了求解复杂数学模型的困难。系统仿真为分析和决策人员提供了一种有效的实验环境,方案结果的比较可以通过直接调整模型的参数或结构来实现[199]。

(二)建模原则

建模原则在系统建模过程中具有重要的指导意义,郭齐胜、杨秀月、王杏林等人对其进行了较为全面的归纳和总结。(1)简单性。实际建立的模型只是现实世界的简化近似,建模过程必然忽略了大量次要因素和难以量化的变量影响,满足实用前提,模型越简单越好。(2)准确性。建模时不但需要关注数据和信息的准确性,而且应当确认所对应的原理和理论的正确性和适用范围,更要检验建模过程中基本假设的正确性。(3)相关性。模型应根据研究问题和目的需要对本质信息和非本质信息加以区分。处理模型精确度与复杂度之间矛盾的解决办法是实际系统建模的关键。(4)清晰性。真实系统要素规模较大,相应变量较多,因而建模时除必要信息联系外,要素之间互相耦合要竭力避免,结构力求清晰。(5)可辨识性。模型结构必须具有可辨识的形式。(6)集合性。建立模型需注意与其他组分的兼容性[213]。

为了弥补归纳法和演绎法的缺陷,在CEES数学建模过程中笔者遵循了以下具体原则:(1)归纳法与演绎法交替运用。遵循实践论,综合实证建模与理论建模两者的优势[214]。在实证分析基础上进行演绎推理,对演绎推理要进行假设检验。(2)数据与理论相适应。遵循认识论,线性理论、非线性理论、复杂系统理论各具优势,但也存在适用范围和使用条件问题。简单性问题用简单性理论处理,非线性问题用非线性理论处理,复杂性问题用复杂性理论处理[199]。(3)若非必要,勿增实体。遵循自组织理论,能够用系统内生变量解释则不用外生变量,能够用变量自身滞后项解释则不必添加新变量,避免维数祸根,也称"奥卡姆剃刀"准则[181]。(4)客观信息准则。遵循信息论[215],以检验结果的显著性和最小信息熵的提示为依据[216]。模型的建立、修正、优化、确认以及放松初始假设的工作均以残差检验结果所提供的信息为准。

第四节　系统运行环境分析

系统运行环境分析是系统科学和系统工程建模理论中的重要环节,它的主要目的在于确定系统与环境的边界,也就是要明确哪些变量没有包含在所建立的系统中。系统分析通常需要将一些无法观察、难以量化、变化无规律、不确定性高、不易处理的变量作为系统外生的环境影响因素来处理,这样做可以方便和纯化系统分析。根据前文文献综述,对于城市会展经济系统的主要影响因素,从整体上可分为外部环境因素和内部环境因素两大类。如图3.1。

城市举办会展活动必须具备一定外部条件,它们构成 CEES 的外部环境因素,又大致可分为资源、制度(政策)以及市场 3 类因素,这些因素在相当大的程度上决定了 CEES 的外部控制参数。内部因素主要包括会展空间条件(场馆)、时间条件(展期)、技术条件(管理水平、服务质量、创新能力、企业竞争力等)等 3 类因素,它们联合作用则主要决定系统所能承受的最大接待能力。

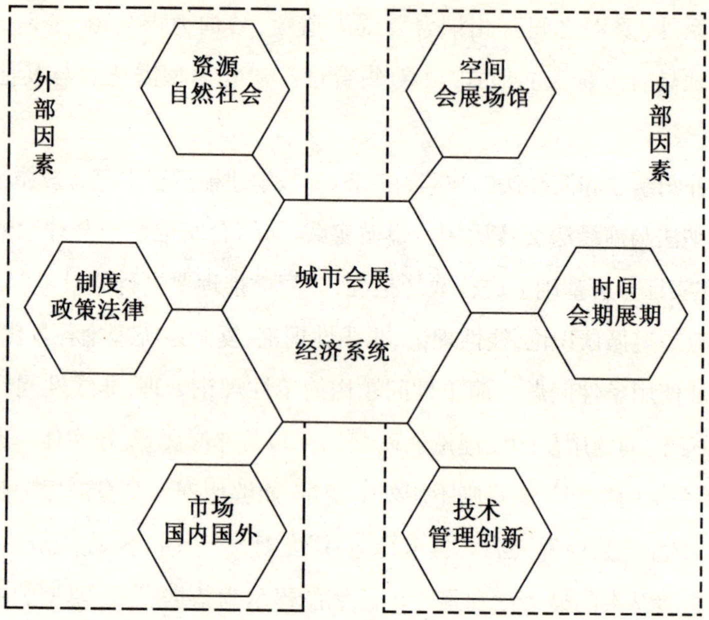

图 3.1 城市会展经济系统的外部因素和内部因素

Figure 3.1 the Exterior Circumstance and Inner Condition of CEES

一、外部影响因素

按照现代的自然系统论观点,人与自然大系统由人类的社会系统与自然系统联合构成,各种资源子系统是构成人与自然大系统的重要组成部分。人类与自然协调发展的核心问题是如何高效地利用资源,人类需要正确处理每个资源子系统与其他子系统之间的关系。资源是有限的,这直接来自于其物质性和难再生性的价值判断,然而人类具有无限的认识和利用资源的潜能。因此,笔者认为,在资源、制度政策和市场这 3 类外部环境影响因素中,资源是最核心的影响因素。制度政策因素和市场因素都是紧紧围绕着资源的开发和利用这一主题而发展变化的。另外值得注意的是,资源因素、制度政策因素和市场因素对 CEES 的影响在时间尺度上存在差异。

(一)资源因素

可持续发展理论支点之一是资源动态平衡观。值得注意的是,不同学科领域的学者对于资源的概念和分类存在不同理解。较为普遍的观点是资源有狭义和广义之分。狭义的资源是指一国或一定地区内拥有的物力、财力、人力等各种物质要素的总称。广义的资源指的是一切能够为人类所开发和利用的物质、能量和信息的统称,是一种自然存在物或可以为人类带来财富的客观存在,在自然界和人类社会中无处不在。材料、能源和信息是广义资源分类的主要依据,有的学者依照认识、开发和利用这 3 类资源的水平将整个人类文明划分为农业时代、工业时代和信息时代。根据本书的研究问题和为了方便讨论,在这里选择狭义的资源概念。自然资源和社会资源是狭义资源最常见的二元结构分类方法。前者包括土地、阳光、气候、山川、矿藏、植被、海洋等自然形成的未被人类加工和改造的天然资源;后者涵盖信息资源、知识资源、资本资源、人力资源以及经过劳动创造的各种物质财富等。自然资源与社会资源关系问题受到相当广泛的关注。斯密(Adam Smith)在《国富论》中提出的绝对成本理论认为,有利的自然禀赋或生产条件是国际分工的基础,各国按照各自有利的生产条件进行分工,将会使各国的资源、劳动力和资本得到最有效利用,大大提高劳动生产率和增加物质财富[217]。马克思(Karl Marx)和恩格斯(Friedrich Von Engels)对两者关系作出更为深刻的描述:劳动力和土地是财富两个原始的形成要素[218];劳动和自然界在一起才是一切财富的源泉,自然界为劳动提供材料,劳动把材料转变为财富[219]。人类社会资源的发展变化要不断地开发、利用和改造自然资源,而在人与自然这个大系统中,自然资源子系统也随之相应发展变化,可持续发展理论要求人与自然保持动态平衡[220]。现代经济是世界一体化的知识经济,资源系统具有开放性、互补性和流动性。会展活动通过物质交换、信息交流等方式可以有效促进产业间、地区间、国家间资源的互补和流动,是实现资源合理高效地分配和利用的重要途径。

1. 自然资源因素

自然资源是指一切物质资源和自然过程,通常是指在一定时间、空间条件下不但能够产生经济价值,而且可以提高人类当前和将来福利的自然因素和条件。自然资源的发展和演化过程相当缓慢,只有在相当大的时间尺度上才能够观察到。自然资源系统具有以下特性:(1)自然资源的有限性和无限性。有限性指资源的数量与人类社会不断增长的需求相矛盾,必须强调资源的合理开发利用与保护;无限性是指人类认识、开发利用及转化资源的潜在能力是无限的。(2)自然资源分布的不平衡性和规律性。区域不平衡性指资源分布的不平衡,存在数量或质量上的显著地域差异,并有其特殊分布规律。(3)自然资源的系统性。每个地区的自然资源要素彼此有生态上的联系,形成一个系统整体,必须关注综合研究与综合开发利用。(4)自然资源的多功能性。

影响 CEES 发展的主要自然因素:(1)气候条件。气候对 CEES 的参与主体有重要影响,是 CEES 的重要影响因子。它主要由气压、气温、湿度、风力、日照、降水等要素组成,通常会展活动需要选择气候条件最舒适的时期和地点举办,而在高原、沙漠和极寒等气候恶劣地区 CEES 则会受到显著的负面影响。(2)水资源。水是万物之源,也是城市的活力所在,水环境在城市形成的过程中,作为不可缺少的要素而存在。缺乏水资源的内陆城市 CEES 很难发展,相反,世界知名会展城市几乎全部都与河流、海洋有着密切的关系。(3)土地资源。它是指已经被人类所利用的和可预见的未来能被人类利用的土地。城市会展经济增长会改变土地使用模式、土地价格和使用强度[221]。土地资源既包括自然范畴,即土地的自然属性,也包括经济范畴,即土地的社会属性,是人类的生产资料和劳动对象,威廉·配第(William Petty)称之为"财富之母"。CEES 具有空间属性,场馆建设需要占用土地,因而 CEES 的发展与土地资源有直接联系[222]。土地资源有以下特性:它是自然的产物;它的位置是固定的,不能移动;它的区位存在差异性;它的总量是有限的;对它的利用具有可持续性;它的经济供给具有稀缺性;对它的利用方向变更具有困难性。(4)城市区位条件。区位条件概念相当宽泛,通常包括特定的地理位置、自然资源状况、地理条件的功能是否满足会展活动的需要等。区位自然条件、交通条件、气候、水源、地形地貌、土壤和植被等是造成城市个体差异的空间原因。它是影响CEES的重要因素之一,它一般被称为“硬指标”,舒适性、便捷性和美感是影响会展参与主体行为的主要因素,CEES以人的集聚性为特征,因而对城市的舒适性、便捷性和市容环境是十分依赖的。

2. 社会资源因素

社会资源主要是指劳动、土地、资本,也包括知识、信息和城市基础设施、文化社会环境等。现代经济增长理论观点认为社会资源质量状况在经济发展中的作用越来越关键,它决定着城市会展经济增长速度和质量。它是较为缓慢的发展演化过程,从大时间尺度来看受自然资源制约。社会资源区别于自然资源的主要特性为:(1)社会性。良好的社会意识形态、正常的社会交往和有意义的社会活动是人类实现自身生存、生产劳动、持续发展的基础和环境。社会性主要通过以下两个特征得以体现:首先是异质性,根据生产方式的组织形式不同,它在种类、数量和质量等方面也存在差异;其次是非排他性,掌握和利用社会资源来创造社会财富没有边界条件。(2)继承性。社会资源的利用、掌握与控制是一个长期积累、不断壮大和从量变到质变的发展变化过程。从传统农业、工业经济时代飞跃到信息、知识经济时代,就是人类社会资源积累到一定阶段和一定程度而发生的量变到质变过程直观而有力的体现,也是信息革命、知识共享的必然结果。(3)流动性。社会资源流动性主要表现是资本能够流动,劳动力可迁移,思想能够交流,信息能够互换,知识能够传播。(4)主导性。马克思以建筑师和蜜蜂为例对此进行了极为形象的暗喻[223]。社会资源主导性通过两个方面得以体现:首先,社会资源决定自然资源的开发、利用和发展的目标与方向;其次,社会资源具有目的性。

在社会资源向物质财富的转换过程中,它体现并贯彻了人类的愿望、意志和目的。影响CEES发展的主要社会因素:(1)生产力发展水平是影响CEES的主要动力因素。劳动力是构成生产力诸要素中的主导因素。任何一个大型国际性的、组织管理复杂的会展活动,必须具备高素质人才,人才素质高低直接影响到会展活动的组织和管理水平,奥运会和世博会的成功举办都直接体现了城市综合实力和人力资源素质。(2)城市基础设施是CEES发展的可靠保障。会展活动产业关联度高，辐射面广，集聚性强，乘数效应大，短期内会形成巨大商流、物流、客流，对城市基础设施要求非常高。任何一次大型会展活动成功举办都需要航空港、海港、铁路、公路、城市交通、邮政、通信、仓储、金融、保险、酒店、安全、教育、卫生、医疗等各公共产品服务部门之间密切配合，通力协作。(3)社会文化条件是CEES发展的重要推动力量。会展活动具有很强的人文特征。社会文化条件是决定城市会展业发展高度的内在驱动力量。就一定意义上说会展经济发展演变过程就是人类社会文化发展和进步的过程。北京奥运会和上海世博会都充分体现了人类新技术、新发明、新创造、新产品的文化内涵和精神特质。在缺乏文化包容性的城市，CEES是很难健康、科学、持续发展的。开放、包容、稳定、有序的社会文化环境不仅有利于提高会展活动参与主体的忠诚度和美誉度，还有利于提高城市国际知名度，有利于形成城市文化多元化，有利于提高城市居民文明程度。

(二)制度政策因素

所谓制度政策因素，主要指经济制度和政策的形态、变动规律及相关关系的协调，它更多地反映在经济活动主题的行为规则、行为规范的具体组合上，即经济资源配置的合理化和政策内容的具体化。在现代经济增长研究中，制度因素正受到越来越多的关注[224]。它的变化通常不是连续渐变过程。建立与健全相关的配套政策法规对促进CEES发展是必要的。

制度政策具备以下特点：(1)制度政策环境以实现系统开放性为重要特征。只有开放的系统才能实现系统与外界环境的物质、能量和信息的交换，才能实现CEES的持续健康发展。(2)制度政策环境中激励机制和竞争机制并存。正反馈和负反馈效应有利于CEES不断优化自身内部结构，提高组织的运行效率和加速科技创新。(3)制度政策环境运用市场调节机制配置资源。价格机制有利于资源要素在不同地区之间的流动，实现资源的优化和整合，经济制度的市场化程度将决定CEES的性质和功能。(4)制度政策环境具有包容性。允许不同形式会展活动的存在，有利于实现CEES发展模式的多元化和多样性。(5)制度政策环境具有适度的弹性和灵活性。CEES具有规模经济、正外部性等特征，因此，往往投资规模巨大，有时要对会展活动提供必要的政策帮助和支持。(6)制度政策环境应具有连续性和稳定性。会展经济本身具有高风险、高收益的特征,这对于其长远发展不利,制度政策的连续性和稳定性能降低会展的举办风险。

(三)市场因素

CEES 是生产力发展到一定阶段的产物,它作为新的经济业态紧紧依附于市场基础。从时间尺度上看,市场因素是波动频繁的短期变化。城市会展市场本身具有自动调节机制,制约着会展参与者的动态行为和取向。对 CEES 来讲,供求机制是分析重点,市场发育状况对效率和效益直接起作用;对城市外部参与者来讲,市场发展状况对投资决策直接起作用。哈佛学派认为,市场结构决定市场行为,强调从可观察的市场结构特征来分析市场行为。但是也存在完全不同的意见,芝加哥学派则认为哈佛学派缺乏理论基础,主张在新古典框架下研究市场行为[225]。生产力高度发展,使信息技术、产品等展览会的要素在区域内外的流动成为可能,会展要素有序流动、组合,形成会展产业。生产力高度发展的城市,它的经济综合实力、科技水平、人才资源条件优越,有利于会展活动更加快速、准确地靠近市场。

二、内部影响因素

(一)空间因素

CEES 具有明显的空间属性,它的活动需要提供空间要素——会展场馆。设施先进的会展场馆是国际展览业协会(UFI)对一个地区发展成为会展城市提出的基本条件之一。现代会展场馆要求具有规模宏大、设施齐全、信息化程度高、设计以人为本、布局经济实用等特征,主要以政府出资建设为主[226]。由于会展活动的规模经济特征,会展场馆建设又有低容积率的特点,因而一定程度上受到城市土地资源的限制。从会展场馆的运营管理特征来看,其主要收入来自场地租金,因此,它属于房地产业。由于它的租赁经营性质,因而在营销策略上更注重关系营销。关系营销是建立、维持和促进企业同消费者和利益相关者长期联系的一种方法,是吸引和留住一群稳定的、可盈利性顾客的过程,它的中心内容是发展和保持"真正的顾客",即那些认为自身得到了价值并且对供应商来说是宝贵的,以及可能购买额外的服务而且不会转移到竞争对手那里的顾客。关系营销在确保重复购买和利润增长方面的重要作用已经得到充分的证明[227~228]。关系营销强调长期的相互关系,说明了维持现有的顾客并保持其活性的必要。关系营销常常被描述为成功交易的基础、发展和维持。这些活动的本质是通过逐步的发展和不断地协调彼此的标准与共享原则来降低交易的不确定性,赢得顾客的合作和赞誉。关系营销是企业同利益相关者、顾客、竞争者、供应商、卖者、政府和社会组织之间相互作用的过程。关系营销是通过同顾客建立紧密的关系以实现双赢的目标[229~230]。

(二)时间因素

CEES有时间属性,会期(展期)通常被理解为CEES受到的最直接的时间约束。事实上,时间管理贯穿整个CEES组织管理和正常运行的全过程。所谓时间管理是将时间看成和市场、客户质量与成本等一样重要的会展成功运营的基本要素,在安排各项工作时充分考虑时间方面的需要以及它们彼此在时间上的协调性,以时间为基础形成快速反应和协调能力,促进会展管理工作的全面展开。时间管理,是市场竞争的需要,是适应市场变化的需要,是适应客户需求变化的需要,是保证会展顺利筹备的需要,是保证会展各项工作彼此协调的需要,是完善会展管理工作的需要。会展时间管理是系统性的,要有整体性思维、动态的眼光、开放的胸怀,要与环境相适应,要有综合的策略。

(三)技术因素

科学技术进步是CEES发展的有力支撑。它主要包括管理水平、服务质量、创新能力、竞争力。随着信息技术的发展,会展对高科技含量的要求体现在现代会展活动的每一环节。网上会展就是依赖IT技术和网络技术的新经济形式中的一个成功体现。根据美国展览研究中心(CEIR)的调查结果,贸易展览会是最有效的市场营销和对外联系、交流的途径与方法,同电子商务结合,成功的机会将显著提高。尽管如此,对于现代信息技术是否对会展的形式和组织带来深刻变化以及这些变化对产业发展的影响作用是积极促进还是消极约束,学者们依然存在分歧。现代先进技术能否最终取代面对面的会展活动是热议的话题。大部分学者认为,面对面的交流作为一种客观需求使得实体会展的重要地位难以取代。但不可否认,现代通信技术不但提高了工作效率,而且为更好地进行商务往来和信息交流创造了条件。

综合上述分析,建立 CEES 与环境关系的概念系统模型,如图 3.2 所示。

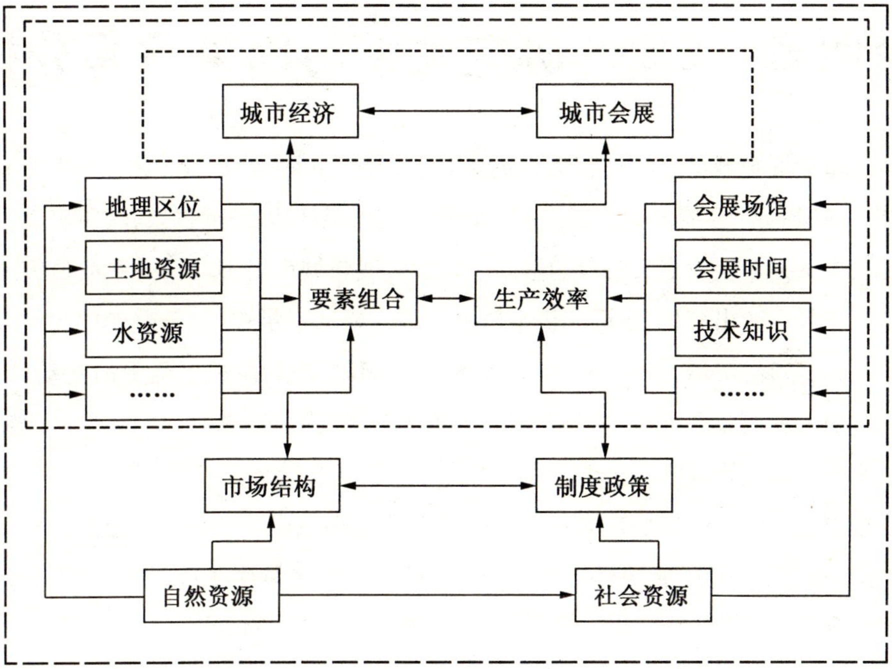

图 3.2　CEES 与环境的关系

Figure 3.2　Relationship of CEES and Environment

本章小结

提出了城市会展经济系统的概念,对系统进行数学描述,初步分析了系统结构,明确系统的组成要素、控制参量,选择建模方法与原则,深入分析了城市会展经济系统的环境影响因素,确定了城市会展经济系统与环境的边界,构建了城市会展经济系统。

第四章　CEES 协整关系与因果关系分析

城市会展与城市经济具有很强的关联性，它们共同构成一个相互作用的有机整体——CEES。会展业的发展能有力地促进城市经济增长；反过来，城市经济发展状况良好又是会展业健康发展的基础。城市会展与城市经济增长关系的研究文献大多基于投入产出分析，实证分析中这一方法主要的不足在于：研究者往往只着眼于会展在城市经济增长中的贡献，而不考虑其抑制作用，忽视了两者的互动关系；研究中引入的变量非常多，统计数据大多难于获得，往往造成估计的结果因研究者的主观偏好而差别较大。会展产业关联性强，我国会展场馆经营管理公司大多涉足房地产业。现代会展场馆通常称会展中心或"城中城"。它与城市建设是相互联系、相互作用、相互依赖、密不可分的统一整体，两者之间存在着天然、本质的必然联系。现代会展工程项目复杂程度高，不仅具有一次性、约束性、周期性等特征，而且规模大、成本高、工期长、风险大。因此，如果不对会展在城市经济中的作用给予正确地评价，机械地迷恋于发达国家和地区 1:9 的乘数效应，不顾条件地非理性投资，必将造成城市建设中的资源浪费和效率损失。

协整分析和格兰杰(William John Granger)因果关系检验是研究经济变量之间关系的有效方法[231~233]，能很好弥补投入产出分析的缺陷。目前关于城市房地产建设、进出口贸易与城市经济增长关系方面已取得一定研究成果[234~238]，但有关城市建设的重要组成部分——城市会展与城市经济增长关系方面的研究则十分匮乏。本章以中国进出口商品交易会(广交会)为案例，对广交会与广州市经济增长的协整关系和格兰杰因果关系进行实证研究。广交会是广州市规模最大、历史最长的贸易展览会，根据前文的分析，其会展效果(成交金额)和会展需求(境外采购商规模)与城市经济之间存在协整关系是一个合理假说。研究思路为：首先系统归纳和综述协整与格兰杰因果检验方法；然后通过分析成交金额、境外采购商规模和三次产业 GDP 的时间序列特征，建立描述它们之间动态关系的向量误差纠正模型（以下简称 VECM）；最后在 VECM 基础上对变量的格兰杰因果关系进行检验。

第一节　协整关系检验

协整关系检验方法主要有两种：恩格尔 – 格兰杰（Robert F. Engle-William John Granger，EG）两步检验法和约翰森 – 尤塞柳斯（Soren Johahsen-Katarina Juselius，JJ）检验。EG 法第 1 步先利用 OLS 估计回归方程 $Y_t = \beta_0 + \beta_1 X_t + \varepsilon_t$；第 2 步检验误差序列 ε_t 的平稳性。$\hat{\varepsilon}_t = Y_t - \hat{Y}_t = Y_t - \hat{\beta}_0 - \hat{\beta}_1 X_t$，平稳性基于单位根检验。EG 法的主要缺陷在于变量数目受约束，需要先设计线性模型进行 OLS 估计，检验程序繁琐。约翰森（Soren Johahsen）和尤塞柳斯（Katarina Juselius）提出的 JJ 检验法应用较方便。JJ 检验法是以 VAR 模型为基础检验回归系数。它的基本原理是基于格兰杰定理将 Y_t 的协整检验变成对矩阵 Π 的秩分析问题。

在 VAR(p) 模型 $Y_t = A_1 Y_{t-1} + \cdots + A_p Y_{t-p} + B\boldsymbol{X}_t + \boldsymbol{\varepsilon}_t$ 中，$y_{1t}, y_{2t}, \cdots, y_{kt}$ 都是非平稳的 $I(1)$ 变量；$\boldsymbol{X}_t$ 是一个确定的 d 维的外生向量，代表趋势项、常数项等确定性项；ε_t 是 k 维扰动向量。利用差分变换

$$\Delta Y_t = \Pi Y_{t-1} + \sum_{i=1}^{p-1} \Gamma_i \Delta Y_{t-i} + B\boldsymbol{X}_t + \boldsymbol{\varepsilon}_t$$

其中　$\Pi = \sum_{i=1}^{p} A_i - I$；

$\Gamma_i = -\sum_{j=i+1}^{p} A_j$。

变量之间协整关系取决于矩阵 Π 的秩。设 Π 的秩为 r，则存在 3 种情况：

（1）如果 $r = k$，ΠY_{t-1} 是 $I(0)$ 变量的充要条件是 $y_{1,t-1}, y_{2,t-1}, \cdots, y_{k,t-1}$ 都是 $I(0)$，与已知的 Y_t 为 $I(1)$ 过程矛盾。

（2）如果 $r = 0$，即 $\Pi = 0$，方程各项都是 $I(0)$ 变量，无协整关系。

（3）如果 $0 < r < k$，则存在 r 个协整关系，$k - r$ 个 $I(1)$ 过程。Π 可分解成矩阵 $\boldsymbol{\alpha}$ 和 $\boldsymbol{\beta}$ 的乘积 $\Pi = \alpha_{k\times r}\beta'_{r\times k}$，$rk(\alpha) = r$，$rk(\beta) = r$，则有

$$\Delta Y_t = \boldsymbol{\alpha\beta}' Y_{t-1} + \sum_{i=1}^{p-1} \Gamma_i \Delta Y_{t-i} + B\boldsymbol{X}_t + \boldsymbol{\varepsilon}_t$$

协整向量的形式与个数由矩阵 $\boldsymbol{\beta}$ 确定。调整参数矩阵 $\boldsymbol{\alpha}$ 的行向量代表 α_i 出现在第 i 个方程中的 r 个协整关系的权重。矩阵 Π 的秩与它的非零特征根个数相等,特征根迹检验和最大特征值检验两种方法都可以用来检验协整关系和协整向量的秩。

迹检验原假设为 $H_{r0}:\lambda_r>0,\lambda_{r+1}=0$;

备择假设为 $H_{r1}:\lambda_{r+1}>0,r=0,1,\cdots,k-1$;

特征根迹统计量为 $\eta_r=-T\sum_{i=r+1}^{k}\ln(1-\lambda_i)$;

η_r 根据右边假设检验,大于临界值拒绝原假设,采用序贯法完成检验过程。

最大特征值检验原假设为 $H_{r0}:\lambda_{r+1}=0$;

备择假设为 $H_{r1}:\lambda_{r+1}>0$;

最大特征值检验 $\lambda-\max$ 统计量 $\xi_r=-T\ln(1-\lambda_{r+1}),r=0,1,\cdots,k-1$;

决策规则与迹检验相同。

η_r,ξ_r 分布由 Johansen 给出[239]。

协整方程可以包含截距和确定性趋势,分为 5 种结构形式:

(1)序列 Y_t 无确定趋势,协整方程无截距(NNN 型)为

$$\Pi Y_{t-1}=\boldsymbol{\alpha\beta}'Y_{t-1}$$

(2)序列 Y_t 无确定趋势,协整方程有截距(NIN 型)为

$$\Pi Y_{t-1}=\boldsymbol{\alpha}(\boldsymbol{\beta}'Y_{t-1}+\delta_0)$$

(3)序列 Y_t 有线性趋势,协整方程有截距(LIN 型)为

$$\Pi Y_{t-1}=\boldsymbol{\alpha}(\boldsymbol{\beta}'Y_{t-1}+\delta_0)+\alpha_0\gamma_0$$

(4)序列 Y_t 有线性趋势,协整方程有线性趋势(LIT 型)为

$$\Pi Y_{t-1}=\boldsymbol{\alpha}(\boldsymbol{\beta}'Y_{t-1}+\delta_0+\delta_2 t)+\alpha_0\gamma_0$$

(5)序列 Y_t 有时间 2 次曲线趋势,协整方程有线性趋势(QIT 型)为

$$\Pi Y_{t-1}=\boldsymbol{\alpha}(\boldsymbol{\beta}'Y_{t-1}+\delta_0+\delta_1 t)+\alpha_0(\gamma_0+\gamma_1 t)$$

第二节　格兰杰因果关系检验

该检验的实质在于通过检验来识别某变量的滞后项能否加入到其他一些变量的模型方程。若变量受其他变量滞后项影响,则它们存在格兰杰因果关系。考虑 2 元 p 阶的 VAR 模型,即

$$\begin{pmatrix} y_t \\ x_t \end{pmatrix} = \begin{pmatrix} a_{10} \\ a_{20} \end{pmatrix} + \begin{pmatrix} a_{11}^{(1)} & a_{12}^{(1)} \\ a_{21}^{(1)} & a_{22}^{(1)} \end{pmatrix} \begin{pmatrix} y_{t-1} \\ x_{t-1} \end{pmatrix} + \begin{pmatrix} a_{11}^{(2)} & a_{12}^{(2)} \\ a_{21}^{(2)} & a_{22}^{(2)} \end{pmatrix} \begin{pmatrix} y_{t-2} \\ x_{t-2} \end{pmatrix} + \cdots$$

$$+ \begin{pmatrix} a_{11}^{(p)} & a_{12}^{(p)} \\ a_{21}^{(p)} & a_{22}^{(p)} \end{pmatrix} \begin{pmatrix} y_{t-p} \\ x_{t-p} \end{pmatrix} + \begin{pmatrix} \varepsilon_{1t} \\ \varepsilon_{2t} \end{pmatrix}$$

变量 x 对变量 y 不存在格兰杰因果关系需满足的充要条件是矩阵系数 $a_{12}^{(q)}$ 均为 0,也称变量 x 外生于变量 y。

格兰杰因果关系的识别方法是对模型进行下述联合 F－检验:

原假设 $H_0: a_{12}^{(q)} = 0, q = 1, 2, \cdots, p$

备择假设 H_1:至少存在一个 q 使得 $a_{12}^{(q)} \neq 0$

检验统计量为 $F = \dfrac{(RSS_{\text{restricted}} - RSS_{\text{unrestricted}})/p}{RSS_{\text{unrestricted}}/(T-2p-1)} \sim F(p, T-2p-1)$

若 $F > F_\alpha$,则拒绝零假设,即 x 是 y 的格兰杰因。同样,可以检验 y 是否是 x 的格兰杰因。在满足高斯分布的假定下,检验统计量具有精确的 F 分布。如果不满足,一个渐近等价检验由式

$$S_2 = \frac{T(RSS_0 - RSS_1)}{RSS_1} \sim \chi^2(p)$$

给出。

扩展到 k 个变量 $VAR(p)$ 模型,利用从 $(t-1)$ 至 $(t-p)$ 期的全部信息,对 y_t 作理想预测可得

$$y_t = \hat{A}_1 y_{t-1} + \cdots + \hat{A}_p y_{t-p} + \hat{\varepsilon}_t$$

则 y_{jt} 到 y_{it} 不存在格兰杰因果关系的必要条件为

$$\hat{a}_{ij}^{(q)}=0 \quad q=1,2,\cdots,p$$

其中 $\hat{a}_{ij}^{(q)}$ 是 $\hat{A}_q$ 的第 i 行第 j 列的元素。

第三节 数据与模型

本研究数据(见附表 1)来源:(1)国家统计局发布的《2009 年度中国统计年鉴》;(2)广州市统计局发布的《广州统计年鉴 2009》;(3)《2006～2007 年度会展经济发展研究报告》。数据处理工具选择 Eviews 6 进行统计分析。为了保证变量的同质性,并消除价格因素和异方差的影响,分别对广州市第一产业、第二产业和第三产业国内生产总值(GDP)的名义值采用以 1978 年为基期(基期 = 100)的 GDP 平减指数进行调整后,再取自然对数,分别记为 LNY_1、LNY_2 和 LNY_3。中国进出口商品交易会的到会客商人数和成交金额以 1978 年为基期(基期 = 100)进行调整后取自然对数,分别记为 LNX_1 和 LNX_2。

各变量间相关系数显著,都大于 90%,见表 4.1。除 LNY_1 外,其余各变量水平序列都不平稳,一阶差分平稳,DGP 都是 I(1)的,符合协整关系检验条件,见表 4.2。

表 4.1 变量相关关系

Table 4.1 Correlation Coefficients of Variables

–	LNX_1	LNX_2	LNY_1	LNY_2	LNY_3
LNX_1	1.000	0.982	0.937	0.972	0.976
LNX_2	0.982	1.000	0.904	0.963	0.965
LNY_1	0.937	0.904	1.000	0.974	0.979
LNY_2	0.972	0.963	0.974	1.000	0.996
LNY_3	0.976	0.965	0.979	0.996	1.000

通过观察各变量时间序列图发现,LNY_1 序列与其他序列的趋势明显有所不同,另外,在 LNX_1 和 LNX_2 中,1982 年和 2003 年存在异常值。由于多变量协整检验远比双变量协整困难,因此,首先考虑将会展子系统与城市经济子系统分别单独进行考察,然后再对联合系统 CEES 进行检验。

表4.2　平稳性检验结果

Table 4.2　Testing Results of ADF Unit Root

变量	ADF检验值	检验类型(C,T,N)	临界值(置信水平)			结果判断
			1%	5%	10%	
LNY_1	-3.029	(C,0,1)	-3.689	-2.972	-2.625	平稳
LNY_2	-2.798	(C,T,1)	-4.324	-3.581	-3.225	不平稳
LNY_3	-1.876	(C,T,1)	-4.324	-3.581	-3.225	不平稳
LNX_1	-3.568	(C,T,1)	-4.324	-3.581	-3.225	不平稳
LNX_2	-3.394	(C,T,1)	-4.324	-3.581	-3.225	不平稳
ΔLNY_2	-5.053	(C,0,2)	-3.711	-2.981	-2.630	平稳
ΔLNY_3	-4.826	(C,0,1)	-3.700	-2.976	-2.627	平稳
ΔLNX_1	-7.706	(C,0,1)	-3.700	-2.976	-2.627	平稳
ΔLNX_2	-8.707	(C,0,1)	-3.700	-2.976	-2.627	平稳

注:检验类型(C,T,N)中,C表示带有常数项,T表示带有趋势项,N表示所采用的SIC自动确定的滞后阶数。

一、城市会展子系统的协整分析与格兰杰因果关系检验

为了消除异常值干扰,引入两个外生虚拟变量,即

$$T_{B1}=\begin{cases}1 & t=1982\\ 0 & t\neq 1982\end{cases}$$

$$T_{B2}=\begin{cases}1 & t=2003\\ 0 & t\neq 2003\end{cases}$$

这里根据水平序列建立的VAR模型来确定滞后期,检验结果见表4.3。根据表4.3,几种检验方法给出的滞后期是一致的,可以确定滞后阶数$K=3$,因此协整滞后期选择为P=2。利用JJ检验法确定LNX_1和LNX_2之间的协整关系,协整检验结果见表4.4。其中有两种协整结构,可以认为是满秩的,这与前提假设$Y_t \sim I(1)$矛盾,因为ΠY_{t-1}平稳的条件是$Y_t \sim I(0)$。另外3种结构都给出只有1个协整关系。

表4.3 LNX_1 和 LNX_2 的VAR滞后阶数选择标准

Table 4.3 VAR Lag Order Selection Criteria of LNX_1 and LNX_2

滞后	对数似然	对数似然比	决定误差准则	赤池准则	施瓦茨准则	汉宁准则
0	-11.189	NA	0.013 592	1.375	1.668	1.456
1	42.372	85.698	0.000 260	-2.590	-2.102	-2.455
2	55.523	18.937	0.000 128	-3.322	-2.639	-3.133
3	66.899	14.561*	7.34e-05*	-3.912*	-3.034*	-3.669*
4	68.798	2.126	9.23e-05	-3.744	-2.671	-3.446

表4.4 LNX_1 和 LNX_2 协整关系数的选择(5%显著性水平)

Table 4.4 Selected (0.05 level*) Number of Cointegrating Relations by Model

原变量趋势	无	无	线性	线性	二次方
检验类型	无截距	有截距	有截距	有截距	有截距
	无趋势	无趋势	无趋势	有趋势	有趋势
迹检验	2	1	2	1	1
最大特征值检验	2	1	2	1	1
原变量趋势	无	无	线性	线性	二次方
协整类型	无截距	有截距	有截距	有截距	有截距
	无趋势	无趋势	无趋势	有趋势	有趋势
对数似然准则					
0	-2.067	-2.067	-3.026	-3.026	-3.241
1	-3.184	-3.975	-3.924	-4.241	-4.308*
2	-3.051	-3.767	-3.767	-4.039	-4.039
施瓦茨信息准则					
0	-1.680	-1.680	-2.542	-2.542	-2.661
1	-2.603	-3.346	-3.246	-3.515	-3.534*
2	-2.277	-2.896	-2.896	-3.071	-3.071

*基于 MacKinnon-Haug-Michelis (1999)临界值。

在这里,依据ADF检验结果,选择原序列有线性趋势-协整方程有线性趋势(LIT)结构进行协整关系检验,LIT结构协整检验结果见表4.5。根据表4.5的检验结果,可以得到规范化协整关系向量和调整参数向量,分别为 $\beta=(1, -0.692\ 2)$, $\alpha=(-0.721\ 9, -0.547\ 9)$。结果表明:协整关系高度显著,而且调整力度很大。

表 4.5　LNX_1 和 LNX_2 协整检验结果

Table 4.5　Results of Unrestricted Cointegration Test LNX_1 and LNX_2

零假设	特征值	迹统计量	5% 临界值	P 值	最大特征值统计量	5% 临界值	P 值
r = 0	0.798	46.346	25.872	0.000 0	41.601	19.387	0.000 0
r≤1	0.167	4.745	12.518	0.633 3	4.745	12.518	0.633 3

根据误差纠正方程对 ΔLNX_1 和 ΔLNX_2 进行格兰杰因果关系检验，检验结果见表 4.6。表 4.6 的检验结果表明，会展需求与成交金额之间存在单向因果关系：ΔLNX_2 是 ΔLNX_1 的成因，而 ΔLNX_1 不是 ΔLNX_2 的成因。

表 4.6　ΔLNX_1 和 ΔLNX_2 格兰杰因果关系检验

Table 4.6　Granger Causality Tests Pairwise ΔLNX_1 and ΔLNX_2

原假设	卡方统计量	自由度	P 值
ΔLNX_2 不是 ΔLNX_1 的 Granger 因	47.099	2	0.000 0
ΔLNX_1 不是 ΔLNX_2 的 Granger 因	2.845	2	0.241 1

二、城市经济子系统的协整分析与格兰杰因果关系检验

LNY_1 与 LNY_2，LNY_3 的趋势明显不同，ADF 检验结果拒绝含有单位根，残差通过了正态白噪声检验，可以验证 LNY_1 与 LNY_2 和 LNY_3 间都没有显著的格兰杰因果关系。因此，仅对 LNY_2 和 LNY_3 做协整检验，滞后阶数选择检验结果见表 4.7。协整关系关系数选择见表 4.8，NIN 结构假设下的协整检验结果见表 4.9。得到规范化协整关系向量和调整参数向量，分别为 $\beta = (1, -0.742\ 3)$；$\alpha = (-0.2672, -0.141\ 4)$。协整关系显著，但调整力度不大。

这里有两点需要注意：(1) 滞后阶数选择标准中对数似然比准则（LR）与 F 准则、赤池准则（AIC）、施瓦茨准则（SC）、汉宁准则（HQ）检验结果出现严重分歧。经过对比，LR 检验结果更准确，这与大多数学者们的观点是一致的。(2) 协整向量是在假设原变量符合 NIN 结构下得到，与 ADF 检验结果存在矛盾，方程解释力也较低，而在 LIN、LIT 或 QIT 结构假设下，城市经济子系统都不存在协整关系。

表4.7 LNY_2 和 LNY_3 的VAR滞后阶数选择标准

Table 4.7 VAR Lag Order Selection Criteria of LNY_2 and LNY_3

滞后	对数似然	对数似然比	决定误差准则	赤池准则	施瓦茨准则	汉宁准则
0	-13.823	NA	0.012 2	1.266	1.363	1.293
1	72.199	151.400	1.72e-05*	-5.296*	-5.003*	-5.215*
2	72.717	0.828	2.30e-05	-5.017	-4.530	-4.882
3	79.889	10.328*	1.82e-05	-5.271	-4.589	-5.082
4	83.615	4.769	1.93e-05	-5.249	-4.372	-5.006

表4.8 LNY_2 和 LNY_3 协整关系数的选择(5%显著性水平)

Table 4.8 Selected (0.05 level*) Number of Cointegrating Relations by Model

原变量趋势	无	无	线性	线性	二次方
检验类型	无截距	有截距	有截距	有截距	有截距
—	无趋势	无趋势	无趋势	有趋势	有趋势
迹检验	1	1	0	0	0
最大特征值检验	1	1	0	0	0
原变量趋势	无	无	线性	线性	二次方
协整类型	无截距	有截距	有截距	有截距	有截距
—	无趋势	无趋势	无趋势	有趋势	有趋势
对数似然准则					
0	66.243	66.243	77.243	77.243	77.422
1	74.412	79.582	80.973	81.298	81.376
2	75.250	81.160	81.160	83.871	83.871
赤池信息准则					
0	-4.480	-4.480	-5.173*	-5.173*	-5.032
1	-4.801	-5.122	-5.152	-5.100	-5.029
2	-4.558	-4.858	-4.858	-4.913	-4.913
施瓦茨信息准则					
0	-4.093	-4.093	-4.689*	-4.689*	-4.452
1	-4.220	-4.493	-4.474	-4.374	-4.255
2	-3.784	-3.987	-3.987	-3.945	-3.945

*基于MacKinnon-Haug-Michelis (1999)临界值。

表 4.9　LNY_2 和 LNY_3 协整检验结果

Table 4.9　Results of Unrestricted Cointegration Test LNY_2 and LNY_3

零假设	特征值	迹统计量	5%临界值	P 值	最大特征值统计量	5%临界值	P 值
r = 0	0.641 6	29.834	20.262	0.001 8	26.679	15.892	0.000 7
r≤1	0.114 3	3.155 4	9.164 5	0.552 1	3.155 4	9.165	0.552 1

依据误差纠正方程对 LNY_2 和 LNY_3 因果关系进行检验，检验结果见表 4.10。结果表明：工业产出与服务业产出之间的因果关系是单向的，ΔLNY_3 是 ΔLNY_2 的格兰杰因，ΔLNY_2 不是 ΔLNY_3 的格兰杰因。

表 4.10　ΔLNY_2 和 ΔLNY_3 格兰杰因果关系检验

Table 4.10　Granger Causality Tests Pairwise ΔLNY_2 and ΔLNY_3

原假设	卡方统计量	自由度	P 值
ΔLNY_2 不是 ΔLNY_3 的 Granger 因	3.519	2	0.172 1
ΔLNY_3 不是 ΔLNY_2 的 Granger 因	12.062	2	0.002 4

三、CEES 协整分析与格兰杰因果关系检验

（一）协整分析

联合城市会展子系统和城市经济子系统，建立 LNY_2 和 LNY_3，LNX_1 和 LNX_2，4 个变量构成 CEES。CEES 滞后阶数选择结果见表 4.11。

表 4.11 LNX_1 和 $LNX_2 LNY_2$ 和 LNY_3 的联合系统 VAR 滞后阶数选择标准

Table 4.11　VAR Lag Order Selection Criteria of LNX_1, LNX_2, LNY_2 and LNY_3

滞后	对数似然	对数似然比	决定误差准则	赤池准则	施瓦茨准则	汉宁准则
0	26.580 6	*NA*	3.68e-06	-1.166	-0.581	-1.004
1	134.272	155.076	2.54e-09	-8.502	-7.137	-8.123
2	158.919	27.604*	1.55e-09	-9.193	-7.048	-8.598
3	184.325	20.325	1.19e-09	-9.946	-7.021	-9.135
4	230.138	21.990	3.43e-10*	-12.331*	-8.626*	-11.303*

在表4.11中对数似然比检验(LR)与F检验、赤池检验(AIC)、施瓦茨检验(SC)、汉宁检验(HQ)5种检验标准同样出现分歧,分别对两种滞后选择进行检验。结果表明,在包含4阶滞后情况下,所有模型都将拒绝残差正态白噪声的假设,无法得到有说服力的证据。因此,这里仅给出选择2阶滞后的检验结果。协整关系数选择见表4.12。

表4.12　选择的协整关系数(5%显著性水平)

Table 4.12　Selected (0.05 level*) Number of Cointegrating Relations by Model

原变量趋势	无	无	线性	线性	二次方
检验类型	无截距	有截距	有截距	有截距	有截距
—	无趋势	无趋势	无趋势	有趋势	有趋势
迹检验	4	1	1	1	2
最大特征值检验	1	1	1	1	2
原变量趋势	无	无	线性	线性	二次方
协整类型	无截距	有截距	有截距	有截距	有截距
—	无趋势	无趋势	无趋势	有趋势	有趋势
对数似然准则					
0	125.281	125.281	135.109	135.109	138.512
1	149.364	151.966	156.879	157.557	160.168
2	154.824	159.090	162.204	170.113	172.514
3	158.786	163.054	165.690	175.127	177.514
4	161.943	166.212	166.212	178.607	178.607
赤池信息准则					
0	-8.095	-8.095	-8.527	-8.527	-8.482
1	-9.286	-9.405	-9.547	-9.523	-9.494
2	-9.098	-9.266	-9.348	-9.786	-9.816*
3	-8.799	-8.893	-9.014	-9.491	-9.594
4	-8.440	-8.460	-8.460	-9.082	-9.082
施瓦茨信息准则					
0	-7.327	-7.327	-7.567	-7.567	-7.331
1	-8.134	-8.205*	-8.203	-8.131	-7.958
2	-7.562	-7.634	-7.621	-7.962	-7.896
3	-6.879	-6.829	-6.902	-7.235	-7.290
4	-6.137	-5.964	-5.964	-6.394	-6.394

* 基于MacKinnon-Haug-Michelis (1999)临界值。

在表 4.12 中，协整关系数的选择依据最小信息准则应在 NIN 型和 QIT 型结构中作出选择。NIN 型结构可以接受有 1 个协整关系，QIT 型结构可以接受有 2 个协整关系。根据前文关于子系统的分析结果，很明显应选择 QIT 型。但是，QIT 型结构假设系统原变量为 2 次抛物曲线趋势，这与 ADF 检验结果存在分歧，而且这种类型的确定趋势在现实经济系统中是极其罕见的。在这里，深入分析再谨慎地选择最佳的结构是必要的。

协整关系检验结果见表 4.13。分析表 4.13 给出 5 种模型结构的检验结果可以发现，其中需要重点关注的是 LIT 型结构。在 10% 显著性水平下，它和 QIT 检验结果一样，可以接受系统存在 2 个协整关系。依据 LIT 型结构和 QIT 型结构分别建立的方程主要参数对比见表 4.14。

表 4.13 LNX_1 和 LNX_2，LNY_2 和 LNY_3 协整检验

Table 4.13 Selected Number of Cointegrating Relations by Model

结构型式	零假设	特征值	迹统计量	5% 临界值	显著性	最大特征值统计量	5% 临界值	显著性
NNN	r=0	0.832	73.325	40.175	0.000	48.166	24.159	0.000
	r≤1	0.333	25.159	24.276	0.039	10.921	17.797	0.393
	r≤2	0.254	14.238	12.321	0.024	7.923 5	11.225	0.179
	r≤3	0.209	6.314 7	4.129 9	0.014	6.314 8	4.129 9	0.014
NIN	r=0	0.861	81.863	54.079	0.000	53.371	28.588	0.000
	r≤1	0.410	28.492	35.193	0.220	14.248	22.299	0.440
	r≤2	0.254	14.244	20.262	0.273	7.928 0	15.892	0.556
	r≤3	0.209	6.316 1	9.164 5	0.168	6.316 1	9.164 5	0.168
LIN	r=0	0.801	62.206	47.856	0.001	43.539	27.584	0.000
	r≤1	0.326	18.667	29.797	0.517	10.651	21.132	0.682
	r≤2	0.228	8.016 1	15.495	0.464	6.971 9	14.265	0.493
	r≤3	0.037 9	1.044 2	3.841 5	0.307	1.044 2	3.841 5	0.307
LIT	r=0	0.810	86.995	63.876	0.000	44.895	32.118	0.001
	r≤1	0.605	42.100	42.915	0.060	25.112	25.823	0.062
	r≤2	0.310	16.988	25.872	0.416	10.028	19.387	0.616
	r≤3	0.227	6.960 5	12.518	0.349	6.960 5	12.518	0.349
QIT	r=0	0.799	80.190	55.246	0.000	43.313	30.815	0.001
	r≤1	0.599	36.877	35.011	0.031	24.692	24.252	0.044
	r≤2	0.310	12.186	18.398	0.296	10.000	17.148	0.397
	r≤3	0.078	2.185 2	3.841 5	0.139	2.185 2	3.841 5	0.139

表 4.14 LIT 和 QIT 的 VECM 参数估计

Table 4.14 Results of Important Parameters Estimates VECM by NIN, LIT and QIT

类型	方程参数	$D(LNX_1)$	$D(LNX_2)$	$D(LNY_2)$	$D(LNY_3)$
LIT	R^2	0.939 5	0.841 6	0.540 5	0.415 1
	调整 R^2	0.912 6	0.771 2	0.336 3	0.155 2
	残差平方和	0.083 4	0.166 1	0.046 2	0.060 6
	标准差	0.068 1	0.096 1	0.050 6	0.058 0
	F 统计量	34.914 7	11.951 7	2.646 9	1.597 1
	对数似然比	39.714 5	30.418 3	47.706 0	44.023 0
	赤池准则	-2.275 2	-1.586 5	-2.867 1	-2.594 3
	施瓦茨准则	-1.843 2	-1.154 6	-2.435 2	-2.162 3
	自由度调整协方差	2.00E-10			
	残差协方差	3.96E-11			
	对数似然比	170.112 7			
	赤池准则	-9.193 5			
	施瓦茨准则	-6.985 8			
QIT	R^2	0.939 7	0.858 3	0.567 3	0.470 9
	调整 R^2	0.907 8	0.783 3	0.338 3	0.190 8
	残差平方和	0.083 0	0.148 5	0.043 5	0.054 9
	标准差	0.069 9	0.093 5	0.050 6	0.056 8
	F 统计量	29.451 2	11.444 3	2.476 9	1.681 0
	对数似然比	39.775 0	31.928 1	48.517 8	45.375 1
	赤池准则	-2.205 6	-1.624 3	-2.853 2	-2.620 4
	施瓦茨准则	-1.725 6	-1.144 4	-2.373 2	-2.140 4
	自由度调整协方差	2.11E-10			
	残差协方差	3.31E-11			
	对数似然比	172.514 1			
	赤池准则	-9.223 3			
	施瓦茨准则	-6.919 6			

分析表 4.14 可以得到以下结果：从 R^2 和调整 R^2 上看，QIT 型结构下方程的解释能力较好，但 LIT 型结构与 QIT 型结构两者之间差异不大。继续考察模型残差检验的结果。LIT 型结构和 QIT 型结构的 Box-Pierce Q-检验结果见表 4.15，残差正态检验见表 4.16。

表4.15　VECM残差 Box-Pierce Q-检验

Table 4.15　VEC Residual Portmanteau Tests for Autocorrelations

	LIT				QIT				
滞后	Q统计量	显著性	调整Q统计量	显著性	Q统计量	显著性	调整Q统计量	显著性	自由度
1	10.38	NA*	10.77	NA*	13.49	NA*	14.010	NA*	NA*
2	23.78	0.094	25.25	0.066	30.01	0.018	31.847	0.011	16
3	40.90	0.135	44.51	0.070	43.19	0.090	46.676	0.045	32
4	56.30	0.192	62.59	0.077	57.93	0.154	63.982	0.061	48
5	73.20	0.202	83.33	0.053	76.08	0.144	86.252	0.033	64
6	79.51	0.494	91.45	0.180	83.21	0.381	95.426	0.115	80
7	99.03	0.396	117.80	0.065	102.46	0.307	121.41	0.041	96
8	111.03	0.508	134.85	0.070	114.71	0.412	138.81	0.044	112
9	118.09	0.724	145.44	0.139	121.17	0.653	148.51	0.104	128
10	125.23	0.868	156.78	0.221	128.95	0.811	160.86	0.160	144
11	131.20	0.954	166.85	0.339	134.79	0.927	170.73	0.266	160
12	145.61	0.954	192.79	0.183	149.96	0.923	198.03	0.122	176

从残差检验结果看，QIT结构下Box-Pierce Q统计量在5%水平下显著，LIT结构下Box-Pierce Q统计量不显著；QIT结构下残差联合正态检验统计量在10%水平下拒绝原假设，LIT结构下残差联合正态检验统计量接受原假设，LIT要优于QIT。

LIT结构的规范化协整向量为

$$\boldsymbol{\beta}_1=(1,0,1.4886,0.9332)$$

$$\boldsymbol{\beta}_2=(0,1,4.6367,4.0430)$$

LIT结构的参数调整向量为

$$\boldsymbol{\alpha}_1=(-0.6874,-0.6833,0.4044,0.0248)$$

$$\boldsymbol{\alpha}_2=(0.1790,0.2409,-0.2752,-0.0708)$$

LIT结构协整方程1为

$$LNX_1+1.489LNY_2+0.933LNY_3-0.421t-14.777=\boldsymbol{\varepsilon}_t$$

$$[3.312]\qquad[2.284]\qquad[-5.098]$$

LIT结构协整方程2为

$$LNX_2 + 4.637LNY_2 + 4.043LNY_3 - 1.242t - 42.490 = \boldsymbol{\varepsilon}_t$$
$$[4.974] \qquad [4.771] \qquad [-7.244]$$

其中　$\boldsymbol{\varepsilon}_t \sim I(0)$，方括号内数字为 t 统计量。

表 4.16　残差正态检验

Table 4.16　VEC Residual Normality Tests for LIT and QIT

LIT				QIT			
组分	偏度	卡方	显著度	偏度	卡方	显著度	自由度
1	0.077	0.026	0.871	0.054	0.013	0.909	1
2	0.167	0.125	0.724	0.051	0.012	0.914	1
3	0.037	0.006	0.938	−0.038	0.006	0.936	1
4	0.003	2.93E−05	0.996	−0.085	0.033	0.856	1
Joint	—	0.157	0.997	—	0.064	0.999	4
组分	峰度	Chi−sq	显著度	峰度	Chi−sq	显著度	自由度
1	1.086	4.123	0.042	0.984	4.571	0.033	1
2	1.742	1.780	0.182	1.799	1.623	0.203	1
3	1.477	2.611	0.106	1.222	3.555	0.059	1
4	1.092	4.097	0.043	0.988	4.556	0.033	1
Joint	—	12.611	0.013	—	14.305	0.006	4
组分	JB 统计量		显著度	JB 统计量	显著度		自由度
1	4.149		0.126	4.584	0.101		2
2	1.905		0.386	1.635	0.442		2
3	2.617		0.270	3.561	0.169		2
4	4.097		0.129	4.589	0.101		2
Joint	12.768		0.120	14.369	0.073		8

QIT 结构的规范化协整向量为

$$\boldsymbol{\beta}_1 = (1, 0, 1.490\,9, 0.962\,2)$$
$$\boldsymbol{\beta}_2 = (0, 1, 4.630\,1, 4.019\,2)$$

QIT 结构的参数调整向量为

$$\boldsymbol{\alpha}_1 = (-0.670\,1, -0.586\,0, 0.436\,0, -0.027\,4)$$
$$\boldsymbol{\alpha}_2 = (0.174\,2, 0.199\,9, -0.291\,8, -0.047\,6)$$

QIT 结构协整方程 1 为

$$LNX_1 + 1.491LNY_2 + 0.962LNY_3 - 0.417t - 15.046 = \boldsymbol{\varepsilon}_t$$
$$[3.203] \qquad [2.275]$$

QIT 结构协整方程 2 为

$$LNX_2 + 4.630LNY_2 + 4.019LNY_3 - 1.227t - 42.518 = \boldsymbol{\varepsilon}_t$$
$$[4.843] \qquad [4.625]$$

其中　$\boldsymbol{\varepsilon}_t \sim I(0)$，方括号内数字为 t 统计量。

LIT 结构短期波动方程为

$$\begin{aligned}D(LNX_1) = &-0.687(LNX_1(-1) + 0.933LNY_3(-1) + 1.489LNY_2(-1) - 0.421t - 14.777) + \\ &0.179(LNX_2(-1) + 4.043LNY_3(-1) + 4.637LNY_2(-1) - 1.242t - 42.490) + \\ &0.523D(LNX_1(-1)) - 0.781D(LNX_2(-1)) - 0.341D(LNY_3(-1)) + \\ &0.609D(LNY_2(-1)) + 0.136 - 0.623TB_1 - 0.530TB_2\end{aligned}$$

$$\begin{aligned}D(LNX_2) = &-0.683(LNX_1(-1) + 0.933LNY_3(-1) + 1.489LNY_2(-1) - 0.421t - 14.777) + \\ &0.241(LNX_2(-1) + 4.043LNY_3(-1) + 4.637LNY_2(-1) - 1.242t - 42.490) + \\ &0.488D(LNX_1(-1)) - 0.704D(LNX_2(-1)) - 0.512D(LNY_3(-1)) - \\ &0.047D(LNY_2(-1)) + 0.207 - 0.470TB_1 - 0.557TB_2\end{aligned}$$

$$\begin{aligned}D(LNY_3) = &0.025(LNX_1(-1) + 0.933LNY_3(-1) + 1.489LNY_2(-1) - 0.421t - 14.777) - \\ &0.071(LNX_2(-1) + 4.043LNY_3(-1) + 4.637LNY_2(-1) - 1.242t - 42.490) + \\ &0.051D(LNX_1(-1)) + 0.100D(LNX_2(-1)) + 0.210D(LNY_3(-1)) + \\ &0.309D(LNY_2(-1)) + 0.070 - 0.023TB_1 - 0.054TB_2\end{aligned}$$

$$\begin{aligned}D(LNY_2) = &0.404(LNX_1(-1) + 0.933LNY_3(-1) + 1.489LNY_2(-1) - 0.421t - 14.777) - \\ &0.275(LNX_2(-1) + 4.043LNY_3(-1) + 4.637LNY_2(-1) - 1.242t - 42.490) - \\ &0.248D(LNX_1(-1)) + 0.129D(LNX_2(-1)) + 0.475D(LNY_3(-1)) + \\ &0.280D(LNY_2(-1)) + 0.020 + 0.030TB_1 + 0.105TB_2\end{aligned}$$

QIT 结构短期波动方程为

$$\begin{aligned}D(LNX_1) = &-0.670(LNX_1(-1) + 0.962LNY_3(-1) + 1.491LNY_2(-1) - 0.417t - 15.046) + \\ &0.174(LNX_2(-1) + 4.019LNY_3(-1) + 4.630LNY_2(-1) - 1.227t - 42.518) + \\ &0.516D(LNX_1(-1)) - 0.786D(LNX_2(-1)) - 0.314D(LNY_3(-1)) + \\ &0.602D(LNY_2(-1)) + 0.066 + 0.005t - 0.616TB_1 - 0.534TB_2\end{aligned}$$

$$D(LNX_2) = -0.586(LNX_1(-1) + 0.962LNY_3(-1) + 1.491LNY_2(-1) - 0.417t - 15.046) +$$

$$\begin{aligned}
&0.200(LNX_2(-1)+4.019LNY_3(-1)+4.630LNY_2(-1)-1.227t-42.518)+\\
&0.443D(LNX_1(-1))-0.716D(LNX_2(-1))-0.369D(LNY_3(-1))-\\
&0.078D(LNY_2(-1))+0.088+0.007t-0.416TB_1-0.582TB_2
\end{aligned}$$

$$\begin{aligned}
D(LNY_3)=&-0.027(LNX_1(-1)+0.962LNY_3(-1)+1.491LNY_2(-1)-0.417t-15.046)-\\
&0.048(LNX_2(-1)+4.019LNY_3(-1)+4.630LNY_2(-1)-1.227t-42.518)+\\
&0.076D(LNX_1(-1))+0.105D(LNX_2(-1))+0.134D(LNY_3(-1))+\\
&0.325D(LNY_2(-1))+0.100-0.002t-0.054TB_1-0.039TB_2
\end{aligned}$$

$$\begin{aligned}
D(LNY_2)=&0.436(LNX_1(-1)+0.962LNY_3(-1)+1.491LNY_2(-1)-0.417t-15.046)-\\
&0.292(LNX_2(-1)+4.019LNY_3(-1)+4.630LNY_2(-1)-1.227t-42.518)-\\
&0.264D(LNX_1(-1))+0.128D(LNX_2(-1))+0.520D(LNY_3(-1))+\\
&0.272D(LNY_2(-1))+0.003+0.001t+0.050TB_1+0.095TB_2
\end{aligned}$$

两种结构下的协整向量差异很小，LNX_1，LNY_2，LNY_3 间大致保持 1:1.49:0.93 的稳定比例关系，而 LNX_2，LNY_2，LNY_3 间保持 1:4.64:4.04 的稳定比例关系，它们分别协整于各自的确定性趋势，t 统计量显著。这与胡平、杨杰利用抽样调查和统计数据的方法，采用截面数据对上海展览业的拉动效应的估算结果非常接近。

（二）因果关系检验

选择不同的模型结构变量间格兰杰因果关系检验结果有一定差别，格兰杰因果关系检验见表 4.17。深入分析表 4.17 可以发现，其中值得重点关注的问题有 3 处：

（1）ΔLNX_1 是不是 ΔLNX_2 的 Granger 成因。LIT 结构在 5% 显著性水平下拒绝原假设，QIT 结构在 10% 显著性水平下拒绝原假设，这与 4.1 节的检验结果矛盾。

（2）ΔLNY_2 是不是 ΔLNY_3 的 Granger 成因。在 10% 显著性水平下 QIT 拒绝原假设，这与本章第二节的检验结果矛盾。

（3）$\Delta LNX_1\Delta LNX_2\Delta LNY_2$ 联合是不是 ΔLNY_3 的 Granger 成因。在 5% 显著性水平下 QIT 结构能够拒绝原假设，LIT 结构下显著性水平也非常接近 5%，而在各变量单独作用时却都不显著，也就是说，联合系统涌现出独有的新特性。

为了相互区别和更清晰地反映城市会展经济系统的因果关系，10% 水平下显著的称为弱因果关系，5% 水平下显著的称为强因果关系，而针对第 3 个问题，称为联合因果关系。变量间的因果关系图见图 4.1。

表 4.17 格兰杰因果关系检验

Table 4.17 VEC Granger Causality/Block Exogeneity Wald Tests

类型	因变量	原假设	χ^2 统计量	自由度	P 值
LIT	ΔLNX_1	$\Delta LNX2$ 不是 $\Delta LNX1$ 的 Granger 成因	20.233	1	0.0000
		$\Delta LNY2$ 不是 $\Delta LNX1$ 的 Granger 成因	6.957	1	0.0084
		$\Delta LNY3$ 不是 $\Delta LNX1$ 的 Granger 成因	1.576	1	0.2094
		$\Delta LNX2\Delta LNY2\Delta LNY3$ 联合不是 ΔLNX_1 的 Granger 成因	32.811	3	0.000
	ΔLNX_2	$\Delta LNX1$ 不是 $\Delta LNX2$ 的 Granger 成因	4.318	1	0.038
		$\Delta LNY2$ 不是 $\Delta LNX2$ 的 Granger 成因	0.021	1	0.884
		$\Delta LNY3$ 不是 $\Delta LNX2$ 的 Granger 成因	1.787	1	0.181
		$\Delta LNX1\Delta LNY2\Delta LNY3$ 联合不是 ΔLNX_2 的 Granger 成因	4.830	3	0.185
	ΔLNY_2	$\Delta LNX1$ 不是 $\Delta LNY2$ 的 Granger 成因	4.020	1	0.045
		$\Delta LNX2$ 不是 $\Delta LNY2$ 的 Granger 成因	0.997	1	0.318
		$\Delta LNY3$ 不是 $\Delta LNY2$ 的 Granger 成因	5.517	1	0.019
		$\Delta LNX1\Delta LNX2\Delta LNY3$ 联合不是 ΔLNY_2 的 Granger 成因	10.507	3	0.015
	ΔLNY_3	$\Delta LNX1$ 不是 $\Delta LNY3$ 的 Granger 成因	0.130	1	0.718
		$\Delta LNX2$ 不是 $\Delta LNY3$ 的 Granger 成因	0.452	1	0.501
		$\Delta LNY2$ 不是 $\Delta LNY3$ 的 Granger 成因	2.453	1	0.117
		$\Delta LNX1\Delta LNX2\Delta LNY2$ 联合不是 ΔLNY_3 的 Granger 成因	7.534	3	0.057
QIT	ΔLNX_1	$\Delta LNX2$ 不是 $\Delta LNX1$ 的 Granger 成因	19.359	1	0.000
		$\Delta LNY2$ 不是 $\Delta LNX1$ 的 Granger 成因	6.397	1	0.011
		$\Delta LNY3$ 不是 $\Delta LNX1$ 的 Granger 成因	1.200	1	0.273
		$\Delta LNX2\Delta LNY2\Delta LNY3$ 联合不是 ΔLNX_1 的 Granger 成因	31.093	3	0.000
	ΔLNX_2	$\Delta LNX1$ 不是 $\Delta LNX2$ 的 Granger 成因	3.705	1	0.054
		$\Delta LNY2$ 不是 $\Delta LNX2$ 的 Granger 成因	0.061	1	0.806
		$\Delta LNY3$ 不是 $\Delta LNX2$ 的 Granger 成因	0.924	1	0.337
		$\Delta LNX1\Delta LNY2\Delta LNY3$ 联合不是 ΔLNX_2 的 Granger 成因	3.781	3	0.286
	ΔLNY_2	$\Delta LNX1$ 不是 $\Delta LNY2$ 的 Granger 成因	4.495	1	0.034
		$\Delta LNX2$ 不是 $\Delta LNY2$ 的 Granger 成因	0.978	1	0.323
		$\Delta LNY3$ 不是 $\Delta LNY2$ 的 Granger 成因	6.280	1	0.012
		$\Delta LNX1\Delta LNX2\Delta LNY3$ 联合不是 ΔLNY_2 的 Granger 成因	11.362	3	0.010
	ΔLNY_3	$\Delta LNX1$ 不是 $\Delta LNY3$ 的 Granger 成因	0.292	1	0.589
		$\Delta LNX2$ 不是 $\Delta LNY3$ 的 Granger 成因	0.526	1	0.468
		$\Delta LNY2$ 不是 $\Delta LNY3$ 的 Granger 成因	2.818	1	0.093
		$\Delta LNX1\Delta LNX2\Delta LNY2$ 联合不是 ΔLNY_3 的 Granger 成因	9.577	3	0.023

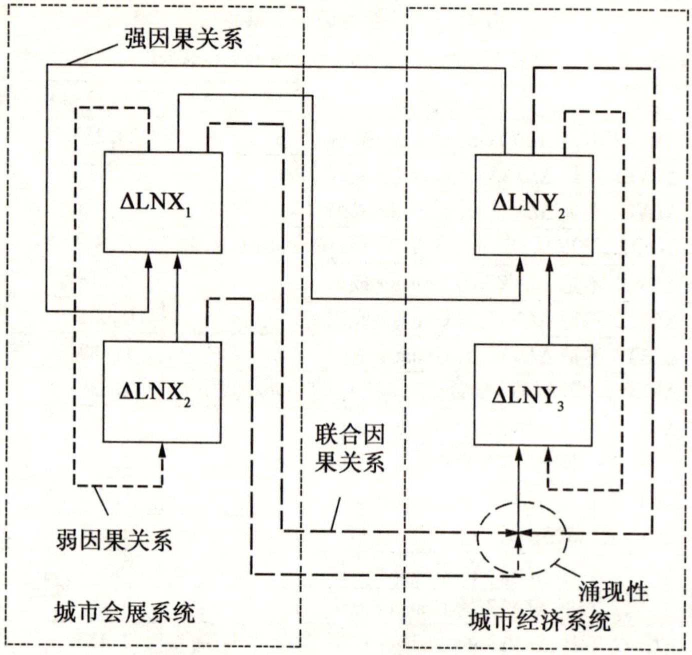

图 4.1 CEES 因果关系

Figure 4.1 CEES Granger Causality

第四节 检验结果分析与城市管理思考

一、检验结果分析

协整分析检验结果表明:

(1)城市会展经济系统有两个协整关系,LIT 或 QIT 结构都可以较好地描述,但都存在一定缺陷:LIT 结构能通过残差检验,而协整关系不够显著;QIT 结构协整关系显著,而模型有偏。尽管如此,两种结构下的协整关系差异很小,因而从中短期看,可以接受成交金额(会展效果)、采购商规模(会展需求)、城市工业产出与服务业产出间有稳定的比例关系,协整方程和向量误差纠正模型是有效的。

(2)协整方程中会展成交金额、采购商规模与工业产出、服务业产出均保持同方向变动,这表明成交金额和采购商规模的增长都会带来工业产出和服务业产出的增长，城市会展对城市经济具有显著地促进作用，这与国内外学者的研究结论保持高度一致。

(3)成交金额与工业产出、服务业产出大致保持 1:1.49:0.93 的稳定比例关系，而采购商规模与工业产出、服务业产出保持 1:4.64:4.04 的稳定比例关系，这表明会展需求对城市经济增长的影响要比会展效果的影响更大。

分析格兰杰因果关系检验结果可知：

(1)在 5% 显著性水平下，成交金额、工业产出、服务业产出的增长都能由系统内其他变量及其滞后项联合解释，而只有采购商规模没有明确的格兰杰因，即会展需求具有外生性，是系统中的关键变量，是拉动城市经济增长的动力之源，是系统的重要状态变量。如何保持会展需求的持续增长是城市会展经济发展必须关注的重要问题。

(2)工业产出增长会引起成交金额显著增长，但不会带来会展需求的增加。成交金额增长能带来工业产出显著增长，会展需求的增长对成交金额增长影响显著。

(3)城市会展经济系统具有涌现性，即成交金额、采购商规模、工业产出的增长单独作用都不能带来服务业产出的增长，需要它们的联合作用才能引起服务业产出显著增长。这一方面表明会展活动需要以工业产出为依托，另一方面也表明系统存在非线性互动关系，由于多变量协整分析中共同趋势受非线性影响较大，因而导致检验结果并不清晰。为进一步明确变量间的互动关系，探求理想的趋势特征曲线是未来研究的重要问题。

(4)联合系统不但具有更好的解释能力，而且揭示了单独子系统所不具有的新特性，在 10% 显著性水平下，成交金额的增长是采购商规模增长的格兰杰因，工业产出的增长也是服务业产出增长的格兰杰因。它们的含义是会展效果会在一定程度上影响会展需求，工业产出对服务业也存在一定影响，但影响力度较弱。

二、城市管理思考

(1)实证分析的检验结果表明，会展需求(采购商规模)具有外生性。会展需求对城市经济增长的影响要远大于会展效果(成交金额)，它是城市会展经济系统的动力之源。这与投入产出分析模型的基础假设一致。具体含义是会展需求可以看作城市经济的外生变量。以往学者应用投入产出分析在理论上是可行的,得到的结论也比较可靠,至少从检验结果来看是支持这一论断的。需要注意的是,会展效果受会展需求影响是高度显著的,因此,城市建设管理者与会展经济参与者不能片面地以追求会展效果为目标,更不能只关注会展场馆建设,而应将扩大会展需求作为工作重点,密切关注会展需求的变化。

(2)部分学者提出了城市经济增长对会展需求有积极影响的观点,未能得到实证检验结果支持,力图通过城市经济增长来带动会展需求效果不显著,因而从系统的环境因素着手才是保持会展需求增长的正确途径。需要重点强调的是,这并不意味着否定城市经济发展对城市会展健康发展的基础作用。

(3)会展效果与工业产出之间具有双向因果关系,它的含义是两者存在良性互动关系,这与众多学者提出的城市集聚经济现象是相符的。关于城市集聚经济的成因学者们观点不一,主要有劳动分工、规模经济(包括内部和外部)、劳动力共享、知识外溢、边干边学、技术创新等学说。由于模型条件所限,此部分未能进行更深入分析。但是,若将会展效果当作城市贸易出口来对待,则支持缪尔达尔与卡尔多的累积因果效应模型,同时与克鲁格曼提出的一般均衡垄断竞争模型的理论分析结论更为接近。从这一点来看,克鲁格曼的认识是相当深刻的。另外,从检验结果来看服务业产出集聚经济特征不显著,表明它与工业产出并不遵循同一类生产函数,运用投入产出分析时必须谨慎对待。

(4)系统具有涌现性,存在非线性互动关系。这是一个值得关注的新现象,它表明中短期来看上述结论也许可以接受,但从长期来看,协整关系并不可靠。因此,城市建设管理者与会展参与者需要对城市会展在城市经济中的地位和作用要有更加清醒的认识,从而给予科学理性的评价,不能以静态的、线性的、不变的思维对待城市会展与城市经济增长的关系,机械地迷恋于发达国家和地区 1:9 的乘数效应,不顾条件地非理性投资,那必将造成城市建设巨大的资源浪费和效率损失。城市会展场馆的设计、建设、运营必须建立在科学的、客观的评价基础之上。

本章小结

通过多变量协整分析和格兰杰因果关系检验更全面地揭示了关于城市会展与城市经济增长之间关系的重要信息。城市会展对城市经济增长不但具有显著的拉动效应，而且两者存在非线性互动关系，城市会展经济系统具有涌现性特征。城市会展经济发展是有条件的，会展需求是城市会展经济系统的重要状态变量，是可持续发展的动力源泉。因此，在城市会展经济建设过程中，不能片面追求会展效果，更不能局限于会展场馆建设，必须重视会展需求的培育和会展品牌的建设。从中短期来看，向量误差纠正模型是有效的，但从长期角度考虑，城市建设管理者与城市会展经济参与主体更需关注城市会展与城市经济之间存在的非线性互动关系所带来的不确定风险。

第五章　CEES 耗散结构分析与发展模式研究

在第四章的分析中我们发现在 JJ 检验框架下，系统仍然存在着一些有用的信息未能提取，其根本原因在于对系统中的单变量的长期趋势假设与实际不符。根据前文，对互动关系分析的重点在于确定系统模型的结构，因此，系统方程结构形式的确定需要经过严格的检验。对于多变量非线性协整分析的重要步骤是先对数据的非线性趋势进行合理的假设，再对趋势和残差进行检验。然而对变量间非线性作用的讨论远比线性作用要复杂多样，因此，至今仍没有统一的分析框架，这也是国际计量经济学界研究的前沿难点问题之一。因而在本章将尝试基于耗散结构理论对系统中单变量的非线性趋势进行分析，进一步探索 CEES 的系统结构。

非线性趋势的提取方法从总体来看分为两大类：无参数回归（包括半参数估计）和参数回归。无参数估计的优势在于对数据特征要求并不严格，解释变量和被解释变量的分布假设约束很少，同时它通常具有极好的样本拟合特性，因而被广泛地用于方程拟合、模型求解和短期预测。常用的无参数估计方法有：滤波法（HP、Kalman）、权函数估计（包括核估计和近邻估计）、稳健估计或称平滑法、正交序列估计、样条估计、神经网络估计、小波分析等。但是，非参数估计存在着共同的缺陷。首先，它缺乏对数据理论分布的假设要求，会损失相当大的隐藏于数据中的重要信息。其次，由于它过于强大的拟合能力，很容易造成过拟合，因此存在着样本依赖，在样本数据较少时，外延能力差，长期预测通常表现非常糟糕。再次，它的数据生成过程通常是“黑箱”，很难形成理论加以解释，通常仅具有工具意义。最后，确定回归曲线时主观经验性强，相同数据在不同学者之间作出的结论差异较大。参数回归首先根据经济理论和样本数据设定模型的函数关系，然后估计关系参数并进行检验，当检验通过时，结果具有非常高的外延精度，模型参数具有明确的经济含义。但是，参数回归同样存在着严重缺陷：模型和参数的分布假设要求严格，实际应用中通常需要经过较繁琐的检验程序，才能谨慎地加以选择,有时甚至不得不放松假设。

由于第四章中对变量的长期趋势已经有了一些相当有用的检验结果:变量不服从线性趋势固定增长,也不服从抛物曲线出现极值后转为下降,那么在变量线性假设和平方趋势假设之间能否寻找到一类最佳趋势曲线呢? Logistic 映射方程描述变增长率模型应是较理想的选择。它有两个重要特征:首先是有上下极限;其次是存在拐点。在拐点前增长速度越来越快;在拐点后增长速度越来越慢。最重要的是,它具有强大解释能力和坚实理论基础——耗散结构理论。

第一节　Logistic 映射的定义与特性分析

Logistic 映射是描述事物动态变化最基本最重要的映射之一。它不仅包含了 Logistic曲线的 S 增长模式,还可以揭示更丰富的周期性震荡、混沌等复杂的特殊现象。

一、Logistic 映射的基本形式

假设系统满足单变量差分方程,即

$$\Delta X_{n+1} = X_{n+1} - X_n = \alpha X_n - \beta X_n^2 \qquad (5.1)$$

式中　X——系统状态变量,$X_0 \neq 0$;

α——控制参数;

β——控制参数。

(1)当 $\beta = 0$ 时,式(5.1)化为线性方程

$$\Delta X_{n+1} = \alpha X_n \qquad (5.2)$$

方程的解为 $X = X_0 e^{\alpha t}$, $\ln X = \ln X_0 + \alpha t$ 有线性趋势。

情形①$\alpha < 0, t \to \infty, X \to 0$。

情形②$\alpha > 0, t \to \infty, X \to \infty$,因为 $X_0 > 0$。

情形③$\alpha = 0, t \to \infty, X \to X_0$。

(2)当 $\alpha = 0$ 时,式(5.1)化为 $\Delta X_{n+1} = -\beta X_n^2$,则方程的解为 $X = (X_0 + \beta t)^{-1}$。

情形①$\beta < 0, t \to \infty, X \to 0$。

情形②$\beta > 0, t \to \infty, X \to 0$。

情形③$\beta = 0, t \to \infty, X \to X_0$。

(3)当 $\alpha\neq0,\beta\neq0$ 时,式(5.1)由拓扑等价知识[239]化为

$$x_{n+1}=f(x_n)=\mu x_n(1-x_n) \tag{5.3}$$

其中 $x_n=X_n/K$;

$K=(1+\alpha)/\beta$。

当施加约束 $\alpha>0,\beta>0$ 时,K 是在约束条件下的 X_n 最大值,$x_n\in(0,1)$。此时,f 为经典的 Logistic 映射,系统长期动态完全取决于控制参数 μ,且 $\mu=1+\alpha$。该映射 f 不可逆,这是一个典型耗散系统。当 $\mu\in(0,4)$ 时,映射 f 的作用将把任何 $x_n\in(0,1)$ 映射到自身所在区间,即 $x_{n+1}=f(x_n)\in(0,1)$。那么,可以通过研究控制参数 μ 的变化来考察系统的演化状况。

二、Logistic 映射的特征分析

(一)不动点及稳定性

设不动点为 x^*,根据式(5.3)解不动点方程

$$x^*=f(x^*)=\mu x^*(1-x^*) \tag{5.4}$$

得到两个不动点

$$x^*=0$$

$$\bar{x}^*=1-\frac{1}{\mu}$$

在稳定的不动点附近,把每次迭代结果表示为

$$x_n=x^*+\varepsilon_n \tag{5.5}$$

其中 ε_n 为偏差。

将式(5.5)代入式(5.3)后,按 Taylor 级数展开到 ε_n 项,得到

$$x^*+\varepsilon_{n+1}=f(x^*+\varepsilon_n)\approx f(x^*)+f'(x^*)\varepsilon_n \tag{5.6}$$

利用不动点方程(5.4)消去方程(5.6)两边的第一项后,得到稳定条件为

$$\left|\frac{\varepsilon_{n+1}}{\varepsilon_n}\right|=|f'(x^*)|<1 \tag{5.7}$$

$$f'(x^*)=\left(\frac{\partial f}{\partial x}\right)_{x^*}=\mu(1-2x^*) \tag{5.8}$$

把 $x^*=0$ 代入式(5.8),同时满足式(5.7)与 $\mu\in(0,4)$,得到不动点的稳定条件是 $0<\mu<1$;

同理，将 $\bar{x}^* = 1 - \frac{1}{\mu}$ 代入(5.7)，得到不动点稳定条件是 $1 < \mu < 3$。

即当 $0 < \mu < 1$ 时，无论 x_0 在区间(0,1)内取何值都会随 n 增加趋于 0，$x^* = 0$ 是稳定不动点，而 $\bar{x}^* = 1 - \frac{1}{\mu}$ 不稳定。

当 $1 < \mu < 3$ 时，无论 x_0 在区间(0,1)内取何值都会随 n 增加趋于 $1 - \frac{1}{\mu}$，$\bar{x}^* = 1 - \frac{1}{\mu}$ 是稳定不动点，而 $x^* = 0$ 不稳定，即服从 Logistic 增长曲线。

$\mu = 1$ 和 $\mu = 3$ 为临界值。

(二)周期点及稳定性

当 $\mu > 3$ 时，不动点 $x^* = 0$ 与 $\bar{x}^* = 1 - \frac{1}{\mu}$ 都开始变得不稳定，系统呈现周期性震荡。当系统存在两周期点时，满足如下方程组，即

$$\begin{cases} x_1^* = f(x_2^*) = \mu x_2^*(1 - x_2^*) \\ x_2^* = f(x_1^*) = \mu x_1^*(1 - x_1^*) \end{cases} \tag{5.9}$$

解之得

$$\begin{cases} x_1^* = \dfrac{1 + \mu - \sqrt{(\mu + 1)(\mu - 3)}}{2\mu} \\ x_2^* = \dfrac{1 + \mu + \sqrt{(\mu + 1)(\mu - 3)}}{2\mu} \end{cases} \tag{5.10}$$

由式(5.3)两次迭代，得到

$$x_{n+2} = f(x_{n+1}) = f^2(x_n) = \mu[\mu x_n(1 - x_n)][1 - \mu x_n(1 - x_n)] \tag{5.11}$$

方程(5.11)是一个 1 元 4 次方程，它有 4 个根。

与不动点的稳定条件相类似，稳定条件是 $|f^{(2)}(x^*)| < 1$，即

$$|f'(x_1^*)f'(x_2^*)| < 1 \tag{5.12}$$

由式(5.3)得

$$f'(x_1^*)f'(x_2^*) = \mu^2(1 - 2x_1^*)(1 - 2x_2^*) \tag{5.13}$$

将式(5.10)代入式(5.13)得

$$f'(x_1^*)f'(x_2^*) = -\mu^2 + 2\mu + 4 \tag{5.14}$$

再将式(5.14)代入式(5.12)，解得稳定条件为

$$3<\mu<1+\sqrt{6}$$

此时，x_1^*，x_2^* 为两个稳定周期点。

$\mu=3$ 是临界点，也就是 2 周期分岔点。

当 $\mu>1+\sqrt{6}$ 时，依上述方法可分别得到 4 周期，8 周期，16 周期分岔点等。

相邻分岔点间距之比为费根鲍姆常数为

$$\delta=\lim_{n\to\infty}\frac{\mu_n-\mu_{n-1}}{\mu_{n+1}-\mu_n}\approx 4.699\cdots \tag{5.15}$$

（三）混沌特性

当 $\mu\geqslant 3.57$ 时，系统进入非周期运动，即出现混沌。

根据以上分析，利用 Matlab 软件绘制系统动态仿真图像，如图 5.1 所示。其中横轴代表 μ，上图纵轴代表 x，下图纵轴代表李亚普诺夫（Ляпунов Алексей Андреевич）指数 λ。

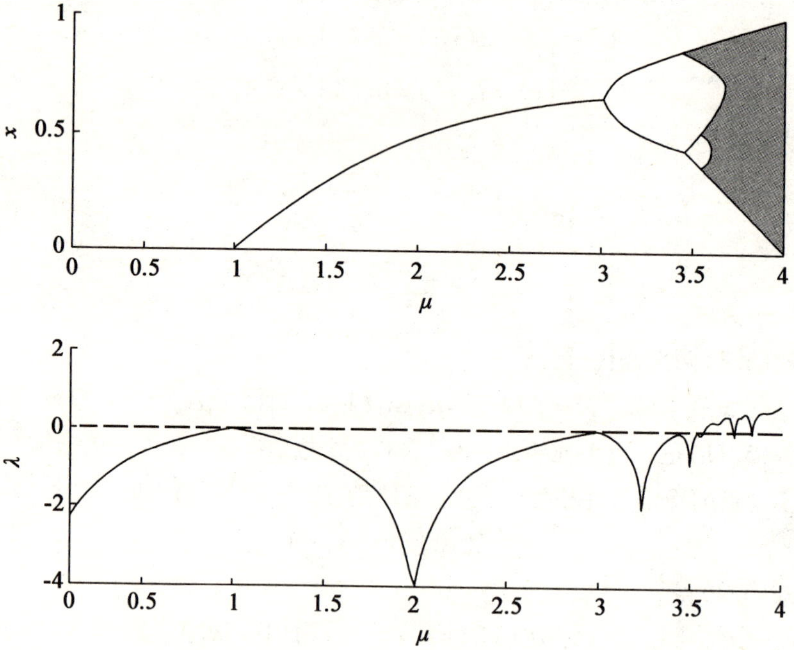

图 5.1 Logistic 映射

Figure 5.1 Logistic Mapping

第二节 实证分析

回顾第三章建立的CEES,假设以未取对数前的初始变量 Y_1,Y_2,Y_3,TX_1,TX_2 作为序参量,这里 TX_1 和 TX_2 已利用第四章的VECM模型中的虚拟变量 T_{B1} 和 T_{B2} 对1982年和2003年的异常值进行修正,它们的长期趋势均满足方程,即

$$Z_t=(1+\alpha)Z_{t-1}-\beta Z_{t-1}^2+e_{t-1} \tag{5.16}$$

其中 βZ_{t-1}^2 是耗散项;

e_{t-1} 是平稳过程;

α 和 β 是外界环境控制参量。

一、单变量趋势曲线的回归方程估计

分别对5个变量采用非线性最小二乘法建立回归方程,得到方程参数见表5.1,表5.2,表5.3,表5.4,表5.5。

表5.1 Y_1 的方程参数

Table 5.1 Y_1 Coefficient Estimates

变量	系数	标准差	T统计量	显著性
$Y_1(-1)$	1.161 142	0.039 963	29.055 5	0.000 0
$Y_1(-1)$^2	-0.000 256	8.11E-05	-3.154 1	0.004 0
R^2	0.987 4	平均因变量方差		359.630 5
调整 R^2	0.986 9	S.D. 因变量方差		171.369 4
回归标准差	19.608 4	Akaike 信息准则		8.858 5
残差平方和	9 996.750	Schwarz 信息准则		8.953 7
对数似然比	-122.019 6	Hannan-Quinn 信息准则		8.887 6
D-W 统计量	2.314 0			

表 5.2　Y_3 的方程参数

Table 5.2　Y_3 Coefficient Estimates

变量	系数	标准差	T 统计量	显著性
$Y_3(-1)$	1.175 935	0.016 877	69.676 6	0.000 0
$Y_3(-1)$^2	-9.68E-06	3.94E-06	-2.457 5	0.021 0
R^2	0.998 9	平均因变量方差		1 750.041
调整 R^2	0.998 9	S. D. 因变量方差		1 833.849
回归标准差	60.971 6	Akaike 信息准则		11.127 4
残差平方和	96 655.87	Schwarz 信息准则		11.222 6
对数似然比	-153.784 2	Hannan-Quinn 信息准则		11.156 5
D-W 统计量	1.572 7			

表 5.3　TX_2 的方程参数

Table 5.3　TX_2 Coefficient Estimates

变量	系数	标准差	T 统计量	显著性
$TX_2(-1)$	1.329 067	0.099 561	13.349 3	0.000 0
$TX_2(-1)$^2	-0.000 232	0.000 101	-2.292 2	0.030 6
C	-35.869 63	17.341 58	-2.068 4	0.049 1
R^2	0.989 4	平均因变量方差		347.629 2
调整 R^2	0.988 6	S. D. 因变量方差		269.253 3
回归标准差	28.808 8	Akaike 信息准则		9.660 2
残差平方和	20748.73	Schwarz 信息准则		9.802 9
对数似然比	-132.242 8	Hannan-Quinn 信息准则		9.703 8
F-statistic	1166.746			
Prob(F-statistic)	0.000 000			

表 5.4　Y_2 的方程参数

Table 5.4　Y_2 Coefficient Estimates

变量	系数	标准差	T 统计量	显著性
$Y_2(-1)$	1.102 595	0.025 565	43.129 3	0.000 0
$Y_2(-1)$^2	1.37E-05	1.77E-05	0.773 0	0.446 5
R^2	0.996 6	平均因变量方差		704.255 1
调整 R^2	0.996 4	S. D. 因变量方差		608.048 0
回归标准差	36.303 5	Akaike 信息准则		10.090 5
残差平方和	34 266.49	Schwarz 信息准则		10.185 6
对数似然比	-139.266 3	Hannan-Quinn 信息准则		10.119 5
D-W 统计量	2.011 0			

表5.5 TX_1 的方程参数

Table 5.5 TX_1 Coefficient Estimates

变量	系数	标准差	T统计量	显著性
$TX_1(-1)$	1.101 744	0.040 130	27.454 6	0.000 0
$TX_1(-1)$^2	3.67E-05	4.08E-05	0.900 0	0.376 4
R^2	0.988 8	平均因变量方差		464.464 5
调整 R^2	0.988 4	S.D. 因变量方差		394.273 0
回归标准差	42.449 1	Akaike 信息准则		10.403 2
残差平方和	46 850.03	Schwarz 信息准则		10.498 4
对数似然比	-143.645 3	Hannan-Quinn 信息准则		10.432 3
D-W 统计量	1.952 3			

由表5.1至表5.5中检验结果可知：

(1) $Y_1, Y_2, Y_3, TX_1, TX_2$ 5个变量的一阶滞后项系数均显著且都大于1，这表明它们都具有自组织特征，且都存在正反馈。

(2) Y_1, TX_2 和 Y_3 的耗散项前系数在5%显著水平下显著，Y_2, TX_1 不显著，即 Y_1, TX_2 和 Y_3 是非线性动力学过程(Logistic 曲线趋势)。

(3) Y_2, TX_1 非线性特征不明显(或者说处在线性区)，即 $\beta=0$，是指数曲线趋势。

(4)值得重点关注的是，TX_2 与 Y_1, Y_3 方程形式是完全不同的，它的常数项显著，也就是说，它是对初值敏感的，具有初始条件的依赖性；而 Y_1, Y_3 则处在远离平衡态的非线性区，不存在此现象。

对 Y_1, TX_2 和 Y_3 的方程残差进行 Box-Pierce Q-检验和正态检验，检验结果分别见表5.6，表5.7，表5.8，表5.9。

变量 Y_3 低阶自相关系数不显著，可能存在高阶自相关，但可以接受残差平稳假设，得到 Y_1, Y_3 和 TX_2 分别服从如下序参量方程，即

$$Y_{1,t}=1.16Y_{1,t-1}-2.56*10^{-4}Y_{1,t-1}^2+e_{Y_1,t-1}$$
$$(29.06)\qquad(-3.15)\qquad(5.17)$$

$$Y_{3,t}=1.18Y_{3,t-1}-9.68*10^{-6}Y_{3,t-1}^2+e_{Y_3,t-1}$$
$$(69.68)\qquad(-2.46)\qquad(5.18)$$

$$TX_{2,t}=1.33TX_{2,t-1}-2.32*10^{-4}TX_{2,t-1}^2-35.87+e_{TX_2,t-1}$$
$$(13.35)\qquad(-2.29)(-2.068)\qquad(5.19)$$

值得注意的是，这里 Y_1 的残差接受了高斯白噪声检验，表明 Y_1 与 Y_3，TX_2 之间将不需或者说无法检验 Granger 因果关系。这与单位根检验结果一致，与实际也是相符的。

表 5.6 Y_1 方程残差 Box-Pierce Q-检验结果

Table 5.6 Y_1 Residual Portmanteau Tests for Autocorrelations

滞后	相关系数	偏相关系数	Q 统计量	概率
1	-0.216	-0.216	1.446	0.229
2	-0.157	-0.214	2.246	0.325
3	-0.212	-0.329	3.751	0.290
4	-0.027	-0.265	3.777	0.437
5	0.080	-0.178	4.009	0.548
6	0.296	0.174	7.360	0.289

表 5.7 Y_3 方程残差 Box-Pierce Q-检验结果

Table 5.7 Y_3 Residual Portmanteau Tests for Autocorrelations

滞后	相关系数	偏相关系数	Q 统计量	概率
1	0.171	0.171	0.910	0.340
2	-0.230	-0.267	2.617	0.270
3	-0.385	-0.322	7.608	0.055
4	-0.345	-0.353	11.784	0.019
5	0.074	-0.036	11.986	0.035
6	0.025	-0.362	12.010	0.062

表 5.8 TX_2 方程残差 Box-Pierce Q-检验结果

Table 5.8 TX_2 Residual Portmanteau Tests for Autocorrelations

滞后	相关系数	偏相关系数	Q 统计量	概率
1	-0.287	-0.287	2.565	0.109
2	0.077	-0.006	2.758	0.252
3	0.180	0.219	3.848	0.278
4	-0.081	0.034	4.076	0.396
5	0.060	0.021	4.207	0.520
6	-0.022	-0.044	4.225	0.646

表 5.9　Y_1, Y_3, TX_2 方程残差正态检验

Table 5.9　Y_1, $Y3$, TX_2 Residual Normality Tests

	Y_1	Y_3	TX_2
均值	-0.416	0.603	8.53e-14
中位数	-2.691	-3.575	-1.877
最大值	42.222	143.571	42.094
最小值	-31.380	-143.230	-72.168
标准差	19.237	59.829	27.721
偏度	0.450	0.0793	-0.470
峰度	2.509	3.540	3.064
JB 统计量	1.227	0.369	1.034
显著度	0.542	0.831	0.596

二、序参量的单方程演化分析

为了研究方便，在此选择 MAPLE12 和 MATLAB2007 软件进行序参量方程的奇点与稳定性分析[240]。

（一）Y_1 的奇点与稳定性分析

根据方程（5.17）利用程序 program5.1，得到 Y_1 的两个奇点和上下界

$Y_1^{*(1)}=0$ 和 $Y_1^{*(2)}=629.46$；

$\inf Y_1=0$ 和 $\sup Y_1=4535.71$。

拓扑等价的标准 Logistic 映射方程为

$$k_{n+1}=1.16k_n(1-k_n)$$

因为 $1<\mu=1.16<3$，$Y_1^{*(1)}=0$ 是不稳定奇点，$Y_1^{*(2)}=629.46$ 是稳定奇点。

Program5.1

```
g1: =f→(f-n);
f: =x→a*x-b*x^2-c;
subs(x=y+n,f(x));
simplify(%);
subs(f=%,g1(f));
```

$subs(a = c1, b = c2, c = c3, \%)$;

$subs(y = 0, \%)$;

$solve(\%, n)$;

(二) Y_3 的奇点与稳定性分析

根据方程(5.18)利用程序 program5.1,得到 Y_3 的两个奇点和上下界

$Y_3^{*(1)} = 0$ 和 $Y_3^{*(2)} = 18\ 175.10$。

$\inf Y_3 = 0$ 和 $\sup Y_3 = 1.2148 * 10^5$。

拓扑等价的标准 Logistic 映射方程为

$$k_{n+1} = 1.18k_n(1 - k_n)$$

因为 $1 < \mu = 1.18 < 3$,

所以 $Y_3^{*(1)} = 0$ 是不稳定奇点,$Y_3^{*(2)} = 18\ 175.10$ 是稳定奇点。

(三) TX_2 的奇点与稳定性分析

根据方程(5.19)利用程序 program5.1,得到 TX_2 的两个非零奇点 $TX_2^{*(1)} = 118.99$ 和 $TX_2^{*(2)} = 1\ 299.41$。

由于 $TX_2 < 0$ 没有意义,得到 $\inf TX_2 = 0$ 和 $\sup TX_2 = 5\ 490.77$。

方程(5.19)有两个拓扑等价的标准 Logistic 映射方程,即

$$k_{n+1}^{(1)} = 1.27k_n^{(1)}(1 - k_n^{(1)}) \tag{5.20}$$

$$k_{n+1}^{(2)} = 0.73k_n^{(2)}(1 - k_n^{(2)}) \tag{5.21}$$

$TX_2^{*(1)} = 118.99$ 是不稳定奇点,$TX_2^{*(2)} = 1\ 299.41$ 是稳定奇点,TX_2 在临界值 $TX_2^{*(1)} = 118.99$ 处出现了分岔,具有初始条件依赖性。

若在初始时刻

$$\{TX_2 \mid N = 0\} > TX_2^{*(1)}$$

则服从方程(5.20),进入耗散结构分支;

若在初始时刻

$$\{TX_2 \mid N = 0\} < TX_2^{*(1)}$$

则服从方程(5.21),进入不稳定分支。

由于 TX_2 不能为负,因此,有 $\inf TX_2 = 0$。这意味着在 $TX_2^{*(1)} = 118.99$ 处发生

了一次重要的结构突变。为了更清晰地反映这一变化，分别取

$$\{TX_2 \mid N=0\}=120>TX_2^{*(1)}$$

$$\{TX_2 \mid N=0\}=118<TX_2^{*(1)}$$

利用式(5.19)进行迭代，取迭代次数 N = 30，迭代程序见 Program5.2，结果序列 ZP_1 和 ZP_2，共同绘制于图 5.2 中。

Program5.2

```
x = 120; N = 30; zp = zeros(1, N);
for p = 1 : N;
x = -0.000 232 * x^2 + 1.329 067 * x - 35.869 63;
zp(p) = x; if x < =0 zp(p) =0;
end
zp1 = zp';
end
x = 118; N = 30; zp = zeros(1, N);
for p = 1 : N;
x = -0.000 232 * x^2 + 1.329 067 * x - 35.869 63;
zp(p) = x; if x < =0 zp(p) =0;
end
zp2 = zp';
end
plot(1:N, zp1, 'k - * ', 1:N, zp2, 'k:o');
```

由图 5.2 可观察到，尽管在 $0<N\leqslant 10$ 区间内 ZP_1 和 ZP_2 差别非常小，然而它们的长期动态完全不同。从另一种角度来理解，在初始点的 TX_2 处于一个关键时期，TX_2 面临着结果完全不同的两条演化路径。那么，究竟什么力量引导着 TX_2 作出向上而不是向下的选择是一个值得关注的重要问题。

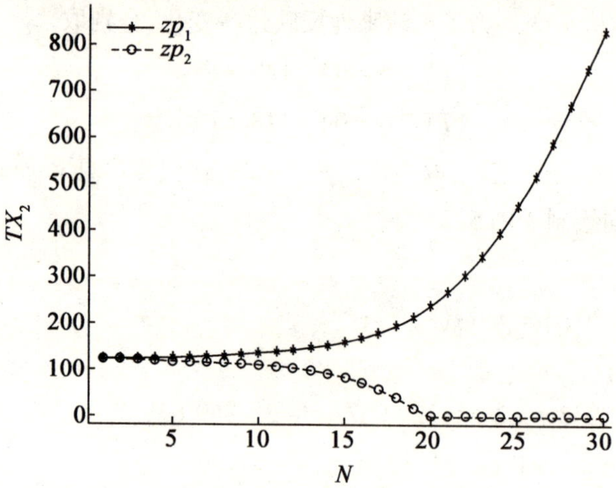

图 5.2 TX_2 分岔图

Figure 5.2 Bifurcation of TX_2

第三节 CEES 发展模式分析

有关城市会展经济发展模式的问题学者们鲜有探讨。任何模式的价值都在于它既可以简化对复杂数据的分析,又能保持较大的灵活性,从而使精明的管理人员能面对不断变化的外部环境作出精确的预测[241]。在这里,有必要对城市会展经济发展模式进行归纳和总结。

发展模式是对事物发展中系统的内部结构和外部功能所做的直观而简洁的描绘,是再现现实的一种理论性的简化形式,其最终表现形式通常是具有高度概括性的图表或模型。

分析某种发展模式一般从 3 个方面入手,即事物或现象发展的客观外部条件、微观运行机制及其表现特征,其中,运行机制分析是重点。马勇、王春雷等人在会展业发展模式方面作出了开创性的工作。

根据第四章第四节的分析,CEES 的系统状态由会展需求确定,结合第五章第二节对 CEES 的单方程分析结果,其满足 Logistic 映射方程

$$Z_t = (1+\alpha)Z_{t-1} - \beta Z_{t-1}^2$$

可拓扑等价化为

$$x_{n+1}=f(x_n)=\mu x_n(1-x_n) \tag{5.22}$$

式中　$x_n=X_n/K$；

$\mu=1+\alpha$；

$K=(1+\alpha)/\beta=\mu/\beta$。

这一方程非常有用，因为系统的发展演化过程将完全取决于系统控制参量 α 和 β，或者说 μ 和 K。α 和 β 都是城市会展系统运行的宏观特征指标。为了避免与前人表述发生分歧，在这里我们所说的城市会展经济系统与会展业、会展产业、现代会展同义，α 决定了会展系统的长期运行状态。当 β 不变时，会展系统的最大规模 K 将惟一确定。

根据第三章第四节的分析，假设外部控制参量服从映射

$$\alpha=g(Q,G,M) \tag{5.23}$$

其中　Q 代表资源要素参数；

G 代表制度政策要素参数；

M 代表市场要素参数。

假设内部控制参量服从映射

$$K=h(L,H,T) \tag{5.24}$$

其中　L 代表技术要素参数；

H 代表空间要素参数；

T 代表时间要素参数。

将式(5.23)和式(5.24)代入式(5.22)可以得到 6 要素模型：

$$X_{n+1}=[1+g(P,G,M)]X_n[1-X_n/h(L,H,T)] \tag{5.25}$$

可按照 α,β 的调节方式不同将发展模式进行如下分类(具体见表 5.10)：

(1) 当 α,β 不变时，根据 α 的取值可将系统发展模式定义为 4 种类型：

当 $\alpha<0$ 时，为衰减型——R 型；

当 $0<\alpha<2$ 时，为成长型——S 型；

当 $2<\alpha<2.57$ 时，为周期型——P 型；

当 $\alpha>2.57$ 时，为混沌型——C 型。

当 $\alpha=0,\alpha=2,\alpha=2.57$ 时分别对应临界状态。

(2)当 α,β 可变时,根据对系统调节时所采取的控制参数的不同可将系统发展模式分为两大类:外生型——O 型和内生型——I 型。

O 型中分为 3 种类型:

Q 型——资源型,G 型——政策型,M——市场型。

I 型中分为 3 种类型:

L 型——技术型,H 型——空间型,T 型——效率型。

表 5.10 不同调节方式下的发展模式

Table 5.10 Developmental Mode on Different Adjustors

参数	α 不变,β 不变	α 变化,外生型(O 型)	β 变化,内生型(I 型)
类型	R 型,衰减型 S 型,成长型 P 型,周期型 C 型,混沌型	G 型,政策型 M 型,市场型 Q 型,资源型	L 型,技术型 H 型,空间型 T 型,效率型

第四节 信息提示与知识发现

一、信息提示

(1)城市会展经济系统中 5 个变量都具有自相关(自组织)特征,且都存在正反馈。检验结果表明,农业产出与工业产出、服务业产出、会展需求、会展效果无明确因果关系,长期遵循 Logistic 映射方程,具有 S 曲线增长趋势。服务业产出和会展需求长期来看具有 Logistic 曲线增长趋势,但是还存在有用信息未能提取。从检验结果来看,会展需求具有初始条件敏感性,中短期增长率可以近似对数线性化处理,但长期增长率是动态变化的。工业产出和会展效果是指数增长趋势,可以对数线性化处理,两者几乎保持了不变的长期增长率,具有典型规模经济特征。缪尔达尔等提出累积因果关系理论得到了进一步支持，这与克鲁格曼的观点也十分吻合，他对一般均衡垄断竞争模型的理论分析结论是：初始条件对于现有城市布局的影响是十分重要的，在收益递增的条件下，制造业存在长时期地保持累积因果效应的能力并在一个地区内部集聚。

（2）会展需求具有初始条件敏感性是一个值得关注的新现象，它与经济发展阶段论的关系更密切。当然，克鲁格曼的一般均衡垄断竞争模型也提到了初值敏感性问题。经济发展阶段论依据与空间是否有关分为两大类。英国学者詹姆斯·斯图尔特（James Steuart）、亚当·斯密（Adam Smith）、德国学者冯·杜能（Von Thünen）、阿尔弗雷德·韦伯（Alfred Weber）、威尔伯·汤普森（Wilbur Thompson）、诺顿（Norton）、埃德加·胡佛（Edgar Hoover）和理查森（Richarson）等人是空间经济发展阶段论的代表人物。在这里，我们着重讨论非空间经济发展阶段论。美国经济史学家惠特曼·罗斯托（Rostow Walt Whitman）提出了将人类社会经济发展划分为传统社会、起飞前准备、起飞、向成熟推进、高额群众消费、追求生活质量 6 个阶段。这一理论的核心观点是，经济起飞依赖于 3 个条件：高投资率（净投资率接近 10%）；高生产率现代产业部门出现（通过前瞻、回顾、旁侧 3 种效应对经济整体产生扩散作用）；制度变革（建立保障起飞的有利制度）。参照上述观点，可以得到一个很自然的解释：以改革开放政策为标志的中国特色社会主义制度为 CEES 经济起飞提供了制度保障。另外一个经典理论是熊彼特（Schumpeter Joseph Alois）的经济周期理论。它的核心观点是认为创新是经济周期的根源，并将经济周期分为繁荣、衰退、萧条和复苏 4 个阶段。依照这一理论，实行改革开放政策后，CEES 明显开始进入繁荣阶段。对比实证检验结果可以发现，CEES 长期发展趋势更倾向遵循 Logistic映射方程，具有 S 增长曲线特征。这一现象与冯·杜因（Johann Heinrich von Thünen）的创新生命周期理论更为接近。其基本理论观点是：分为采用、增长、成熟和下降 4 个阶段，不同阶段以需求结构和创新活动的方式为特征，长期宏观经济发展可解释为创新生命的连续。关于制度政策对经济发展阶段的影响还可以参考安格斯·麦迪森（Angus Maddison）的研究成果。他对最近 200 年的世界经济发展历史进行分析、归纳和总结，按照经济增长的趋势及特点，将 1820 年以来的世界经济增长分成5个阶段，在坚持技术进步推动论的同时，他还主张阶段之间的转化通常是由人类历史偶然事件或制度剧变决定的。

二、知识发现

(1)城市会展经济系统整体具有耗散结构特征，符合耗散结构形成条件，是非线性动力学系统，这与作出开创性研究成果的城市耗散结构理论支持者结论基本一致[242]。另外，尽管服务业产出和会展需求长期增长率是动态变化的，但有一定规律。服务业产出同会展需求相比耗散结构更稳定有序，受环境影响较小。

(2)会展需求存在耗散结构分叉，这表明会展需求容易受环境因素影响。根据突变论中的分类定理，可以判定会展需求耗散结构突变类型是尖点型，这表明控制参量数为2个。

(3)农业产出、服务业产出、会展需求都具有稳定的非零吸引子，长期增长趋势是稳定的。但城市会展与农业产出无显著因果关系，这意味着非线性互动关系来自于服务业产出与会展需求，但在揭示互动关系的作用方式之前，必须剔除环境变量对会展需求结构变化的影响。

(4)由表5.10，CEES的发展模式具有相当丰富的组合方式，但从数量特征来看，只有衰减、成长、周期和混沌4种类型。城市需要根据自身特点进行相机选择或灵活调整。需要强调的是，不存在完全通用而有效的统一发展模式，CEES发展模式对实践具有指导意义，但不能简单复制。发展模式的选择必须依赖CEES所处的环境条件和历史背景。影响CEES发展的因素是多元的，不但包括资源禀赋，还取决于市场规模和制度政策；不但依赖技术进步，还受制于城市会展场馆空间与人力资源工作效率。

本章小结

利用非线性最小二乘法对系统的序参量进行了单方程估计。结果表明：城市会展经济系统中5个变量都具有自组织特征，且都存在正反馈；会展需求、服务业产出和农业产出服从非线性动力学过程，满足Logistic映射，具有S曲线趋势，成交金额和工业产出的非线性特征不显著。据此建立了会展需求、服务业产出和农业产出的序参量耗散结构方程，会展需求与服务业产出、农业产出方程形式不同，在初始位置有非零临界值存在，对初值敏感，发生了耗散结构分叉。在综合以往研究成果基础上，提出并建立了包括资源、政策、市场、空间、时间和技术的6要素模型，对城市会展的主要发展模式进行了分析、补充和完善。

第六章 会展需求结构突变检验与实证分析

在第五章第二节中，依据耗散结构理论发现在初始点的会展需求处于一个关键时期，会展需求面临着结果完全不同的两条演化路径，这意味着会展需求存在耗散结构突变。在本章将利用带有结构突变的单位根检验方法进行实证分析来进一步揭示决定会展需求作出向上而不是向下的选择的原因，明确结构突变的准确位置和类型。在这里，存在两个问题：(1)对于非线性结构突变的检验是困难的，在此需要作局部近似线性化处理，即假设$\beta=0$，然后取对数。(2)为了揭示结构突变的原因，必须知道在突变前的状态，幸运的是，中国进出口商品交易会首届展会是从1957年春季开始的，完全能满足检验的样本要求。

对时间序列分析的目的如果是进行假设检验或长期预测，需要对趋势进行恰当地建模。因而对于趋势是随机的还是确定的需要进行正确地识别。单位根检验是进行平稳性检验的重要工具，它通常假设数据生成过程(DGP)不存在结构变化，然而大量研究表明实际情况常与该假设相悖，即剧烈而持久的外生冲击，如政策制度变化、金融危机等将导致DGP结构突变。这些结构突变对于研究者恰恰是十分重要的，因为它们总是包含着极为宝贵的信息。

第一节 带有结构突变的单位根检验

Perron最先发现，当忽略存在于DGP中的结构突变时，依据DF统计量易将一个带有结构突变的TS过程误判为单位根过程。这种现象被称为“Perron现象”。他进而在ADF检验基础上引入结构突变成分，建立了相对完备的理论框架[243~244]。这一研究成果引起了广泛关注，该领域的研究在学者们的质疑与争论中不断得到补充和完善。此后,还发现了"逆 Perron 现象",即如果 DGP 含有单位根,并受到短期水平变动的干扰,经典单位根检验更倾向于拒绝单位根原假设[245]。更进一步地,DGP 甚至可以由随机平稳 I(0)变为差分平稳 I(1)和从 I(1)变为 I(0),即时间序列的单整阶数发生了根本性改变[246]。值得注意的是,在有限样本情况下,带漂移项的单整成分与偶然的、大的暂时性成分叠加构成的 DGP 同带有结构突变的 TS 过程难以区分,DS 和 TS 过程只在大的时间尺度上才有差别[247],在缺乏先验信息的情况下,施加突变次数和突变类型的约束会导致检验结果有偏,代表重大冲击的突发事件是随机且异质的,影响形式具有多样性,先对时间序列的异常值有针对性地进行校正,再对校正后的时间序列进行处理是个不错的选择[248],但这将以信息损失为代价。因此,尽管该领域的研究成果尚有争议,但它为模型的建立提供更合理的约束条件,至今仍是国际计量经济学界的前沿热点问题[249]。

结构突变的确定主要包括突变位置与突变类型两方面。突变位置的确定存在外生性和内生性假定两种相互矛盾的观点。外生性假定是指结构突变点由研究者通过观察、经验或背景知识得到,是先验的、主观的、已知的。附加异常值(AO)检验模型和新息异常值(IO)一步检验模型是外生性假定的典型代表[244~245]。检验功效对突变时点在整个样本中的相对位置 λ($\lambda = T_b/T$,T_b 代表突变时点,T 代表样本数)非常敏感[250]。内生性假定则认为即使已知突变发生也不能判定突变发生的准确位置,突变时点应完全由数据本身经过严格的检验而得到[251~252]。ZA(Zivot and Andrews)检验模型是基于内生性假定的典型代表[253]。突变类型的确定相对较复杂,从理论上讲,由于引起突变的原因各不相同,突变函数通常难以作出准确描述。综合已知研究成果,突变类型共有 7 种,即冲击、无趋势水平突变、截距突变、斜率突变、截距与斜率双突变、指数型突变和理性突变[254]。出于对估计参数的实际经济意义考虑,学者们的研究重点是截距突变、斜率突变和截距与斜率双突变,与经典单位根检验相对应,分别称为 A、B、C3 种类型。

为了更客观地揭示耗散结构突变的形成原因,需要排除主观因素,据此笔者选择了内生性假设检验方法。这样做的目的在于减少主观性带来的系统性偏差,突变位置和类型将完全取决于数据本身,这样的检验结果更具说服力。ZA 检验方法是目前较为科学和成熟的前沿检验技术。

第二节　ZA 检验方法

ZA 检验原假设 DGP 是单位根过程，即

$$y_t = \mu + y_{t-1} + e_t \tag{6.1}$$

检验式为

$$\text{模型 } A: y_t = \alpha y_{t-1} + \mu + \theta DU_t + \beta t + \sum_{j=1}^{p} c_j \Delta y_{t-j} + e_t \tag{6.2}$$

$$\text{模型 } B: y_t = \alpha y_{t-1} + \mu + \beta t + \gamma DT_t^* + \sum_{j=}^{p} c_j \Delta y_{t-j} + e_t \tag{6.3}$$

$$\text{模型 } C: y_t = \alpha y_{t-1} + \mu + \theta DU_t + \beta t + \gamma DT_t^* + \sum_{j=}^{p} c_j \Delta y_{t-j} + e_t \tag{6.4}$$

$$H_0: \alpha^i = 1;$$

$$H_1: |\alpha^i| < 1 (i = A, B, C);$$

式中　$DU_t = 1(t > T_b)$；

$DT_t^* = t - T_b(t > T_b)$；

T_b 的取值范围是 $\{2, T-1\}$。

检验方法是：记 $\lambda = T_b/T$ 表示突变点在整个样本中的相对位置；对每一个可能的突变点进行检验，得到 $\alpha^i(i = A, B, C)$ 的 t 统计量 t_{α^i} 序列，记为 $t_{\alpha^i}(\lambda)$，从中选择最小的 $t_{\alpha^i}^* = \min\{t_{\alpha^i}(\lambda)\}$，同相应的临界值比较，检验单位根原假设。临界值由蒙特卡洛模拟获得。

第三节　实证分析

会展是现代经济活动的重要方式，贸易展览会是能够提供经济发展趋势有关数据的唯一市场媒介。中国进出口商品交易会是国际经济发展状况的晴雨表和指示器，其参会的境外客商数是反映市场需求的关键变量，也是衡量对外贸易环境状况的最灵敏的指标，其发展变化规律，可以为判断世界经济未来走向提供可靠的依据。

对会展需求（境外采购商规模）时间序列取自然对数，序列记为 LX_2。数据来自

文献[3]和中国进出口商品交易会官方网站。数据处理工作基于 EViews6.0 完成。

一、LX_2 的"逆 Perron 现象"

选择 $T(10,90)$ 的数据为样本 1(LX_{21}),选 C 型结构对原序列进行常规 ADF 单位根检验,在 1% 显著性水平下,LX_{21} 拒绝原假设。但不同的检验方法对 LX_{21} 进行检验结果存在矛盾,见表 6.1,该现象表明 LX_2 可能存在结构突变进而导致"逆 Perron 现象"。

表 6.1　样本 1 采用不同经典单位根检验方法检验结果

Table 6.1　Sample 1 Results of Classical Unit Root Tests When Using Different Methods

检验方法	原假设	LX_{21}
ADF	有单位根	拒绝
DFG	有单位根	接受**
PP	有单位根	拒绝
KPSS	序列平稳	拒绝*
ERSO	有单位根	接受**
NP	有单位根	接受**

注:* 表示在 5% 显著性水平,* * 表示在 10% 显著性水平,其余为 1% 显著性水平。

二、基于 ZA 模型的单位根检验

采用基于 ZA 模型检验框架的内生性假定,运用循序检验法对 LX_{21} 进行单位根检验,A、B、C3 种形式的突变时点判别结果见表 6.2。

表 6.2　样本 1 的 ZA 检验结果

Table 6.2　Sample 1 ZA-Based Unit Root Test Results

变量	LX_{21}(A 型)	LX_{21}(B 型)	LX_{21}(C 型)
统计量 t	-4.71(-4.58)	-3.96(-4.11)	-4.58(-4.82)
滞后数	1	1	1
突变点	51	32	47

注:括号内数值为 10% 的显著性水平下 ZA 检验临界值。

检验结果仅在 10% 显著性水平下支持 A 型突变,$t_{\alpha}^{A} = -4.71 < -4.58$,即 LX_{21}

含有单位根，记 $T_{b1}=51$。然而，对突变点的前后两段子序列，分别记 $T(10,50)$ 为样本 2（LX_{22}），$T(52,90)$ 为样本 3（LX_{23}），进行 ZA 检验，结果见表 6.3 和表 6.4。

表 6.3　样本 2 的 ZA 检验结果

Table 6.3　Sample 2 ZA-Based Unit Root Test Results

变量	LX_{22}（A 型）	LX_{22}（B 型）	LX_{22}（C 型）
统计量 t	-3.95（-4.58）	-3.78（-4.11）	-3.87（-4.82）
滞后数	0	0	0
突变点	16	19	16

注：括号内数值为 10% 的显著性水平下 ZA 检验临界值。

表 6.4　样本 3 的 ZA 检验结果

Table 6.4　Sample 3 ZA-Based Unit Root Test Results

变量	LX_{23}（A 型）	LX_{23}（B 型）	LX_{23}（C 型）
统计量 t	-4.93（-5.34）	-4.16（-4.93）	-5.93（-5.57）
滞后数	0	0	0
突变点	73	83	73

注：括号内数值为 1% 的显著性水平下 ZA 检验临界值。

样本 2 和样本 3 的检验结果却并不一致：LX_{22} 在 10% 显著性水平下接受原假设；LX_{23} 在 1% 显著性水平下拒绝原假设。由此判定 LX_{21} 序列在 $T_{b1}=51$，$T_{b2}=73$ 处发生了结构突变。但两次突变的效果完全不同：在 $T_{b1}=51$ 处 DGP 的结构发生根本性改变，是一个从 DS 过程转变为 TS 过程的复杂的结构突变过程；而在 $T_{b2}=73$ 处是 C 型突变。

三、结构突变成因分析

对完全来自于数据本身的检验结果作进一步的历史背景与经济含义分析，不但有利于揭示耗散结构突变的原因，而且有助于更深刻地认识和把握 LX_2 的发展变化规律，这对于城市经济管理者和会展项目组织者来说是重要的。

中国进出口商品交易会的发展历史，是中国对外开放的一个缩影。上世纪 70 年代末，以改革开放为标志的国家经济体制发生了根本性变革。杜荣指出，改革开放前在社会主义计划经济体制下我国实行国家垄断的对外贸易体制，忽视对外贸易的效率原则，执行的是国家统制型封闭式保护贸易政策[255]。基于该特殊历史背景，LX_2 的初期发展依赖于政府主导下的场馆建设，即空间发展模式。根据文献[3]统计，在一共5次场馆变迁过程中，有4次发生在第51届前（第5次发生在2004年春季的第95届）。在 LX_{22} 内，突变疑似点有两个，分别为 $T=16$ 和 $T=19$，对应的时间为1964年秋季和1966年春季。前者体现场馆变化影响，从这一届起侨光路陈列馆与起义路陈列馆同时使用。后者反映外部政治环境的影响，1966年春季开始了十年"文化大革命"。ZA检验成功地检测到这两个重要事件，但是令人遗憾的是，检验结果却都不能拒绝 LX_{22} 含有单位根的原假设。因此，LX_{22} 是一个I(1)过程，它的趋势是随机的。这意味着 LX_2 在国家统制型封闭式保护贸易政策下，政府主导的空间型发展模式是随机趋势不平稳过程，趋势容易被随机冲击抵消掉。

改革开放后对外贸易政策的变化大致分为3个阶段。

第1阶段是1978年至1992年，是实行有管制的开放式保护贸易政策阶段。1978年12月，党的十一届三中全会明确了对外贸易在中国经济发展中的战略地位和指导思想。由于经济体制从严格计划经济体制转向商品经济体制不可能一蹴而就，1978年至1982年期间经历了一个短期的探索、调整、过渡过程。之后对外贸易政策变化的主要标志是1982年1月党中央书记处会议为对外经济工作确定了理论基础和指导思想。改革开放政策的实施打破了原有的外贸经营模式，贸易政策逐步向市场经济体制下的自由贸易政策过渡。然而，由于展览场馆和广州市接待能力的制约，第51届中国进出口商品交易会尝试缩小规模，缩短会期（会期由30天缩短为20天）。但实践证明，缩短会期是可行的，缩小规模并不可取，因此，从第52届起仅缩短会期，规模恢复原水平。

ZA检验结果清晰地反映了这一变化。$T_{b1}=51$ 对应的时间正是1982年春季，在结构突变点前后 LX_{21} 呈现完全不同的DGP。同时，这一突变时点是极其特殊的。合理的解释是：该突变是3个突变因素的叠加，即会期从30天缩短为20天引起截距变化，缩小规模仅对当期产生影响，表现为一次瞬时冲击，而改革开放政策的实施对 LX_2 的DGP产生根本性变化。因此，以 $T_{b1}=51$ 为间断点，对 LX_2 分段研究更为合理。

第2个阶段是1993年至2001年，是实行有自由化倾向的保护贸易政策阶段。邓小平南方讲话后，对外贸易政策进行了深入调整。这一时期尽管依然奉行重商主义思想,但政府干预对外贸易的目的与前期已有显著变化。

首先在汇率政策方面进行了重要的改革,开始实行单一的有管理的浮动汇率制度。其次是规范、减少非关税措施,调整了进出口关税政策。此外,还采取多项措施积极扩大出口,加强了行业协会和商会的组织建设,鼓励和支持地方政府参与举办国际贸易展览会,并对我国涉外法律体系依据 GATT/WTO 规则进行完善。

改革开放后,LX_2 发展模式由场馆建设为代表的空间型发展模式转变为以会期调整为主的效率型发展模式。LX_2 的会期一共进行了 7 次调整,其中 5 次发生在 LX_{23} 内。对 LX_{23} 进行 ZA 检验的结果(见表 6.4)支持 LX_{23} 是一个带有结构突变的趋势平稳过程,最显著的结构变化发生在 $T_{b2}=73$ 处,这是一个 C 型结构突变,即截距和斜率均发生变化。第 73 届对应时间为 1993 年春季,这一届会期由 15 天缩短为 10 天。同时,为了适应对外贸易政策,改变原来由专业外贸总公司组团的格局,实行主要由“省市组团、按团设馆”的改革。

由以上分析,该阶段 LX_2 结构变化由两部分因素构成,即会期缩短引起了截距的明显减小,而对外贸易政策变化带来了斜率的增加。这一结论是重要的。这意味着实行改革开放政策以来,在向市场型开放式自由贸易政策转变过程中,市场主导的效率型发展模式是趋势平稳过程,随机冲击对 LX_2 造成的趋势偏离只具有暂时的效应,LX_2 的长期运动是由确定性的时间趋势函数主导,只有政府意在改变经济基础结构的对外贸易政策,对 DGP 趋势函数的影响才是持久的。

第 3 个阶段是 2002 年至今,是实行一般自由贸易政策阶段。2001 年 12 月我国正式加入世界贸易组织(WTO),改革开放政策更加深入。随着我国市场经济体制改革和城市化进程进一步加快,会展活动日益增多,会展场馆建设空前高涨,进出口贸易总额持续增长,对外贸易政策依据 WTO 规则进行了相应调整,从有贸易自由化倾向的保护贸易转向有协调管理的一般自由贸易,主要标志是修改了《对外贸易法》。同时,对外开放领域和范围进一步扩大,贸易体系也从单边转向多边,从商品市场拓展到服务市场。

由于这一阶段的数据是近期数据,没有包含在样本中,因此,这里需要利用 LX_{23} 的检验结果建立时间序列模型,采用样本外预测的方法加以推断。

四、模型形式确定

根据表6.4结果,建立AR模型,模型参数见表6.5。

表6.5　LX_{23}含结构突变因素的AR(1)模型估计结果

Table 6.5　Sample 3 AR (1) Model with a Structural Break Estimation Results

变量	系数	标准差	t－统计量	显著性
C	9.932	0.049	203.911	0.000
t	0.046	0.004	11.796	0.000
DU	-0.308	0.057	-5.412	0.000
DT	0.012	0.006	2.041	0.049
$AR(1)$	0.343	0.164	2.085	0.045

各统计量显著,对模型残差序列进行Box-Pierce Q-检验,结果不存在显著序列相关,LM检验和ARCH效应检验均不显著,正态检验结果见图6.1,接受白噪声假设。

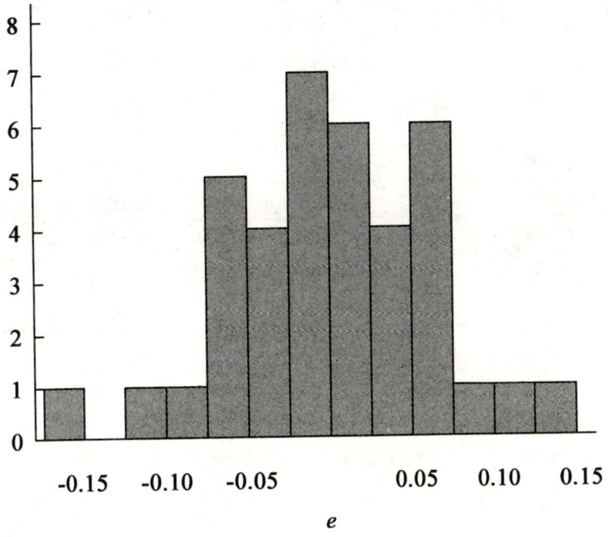

图6.1　残差正态检验

Figure 6.1　Residual Normality Test

样本内预测效果见表6.6前两列。得到的模型方程为

$$LX_2 = 9.932 + 0.046t - 0.308DU + 0.012DT + [AR(1) = 0.343] \quad (6.5)$$

五、模型预测效果分析

扩展范围到 $T=107$，利用模型进行点预测，预测效果见表 6.6 后两列。结果表明，动态预测下，RMSE = 0.260 4，MAPE = 0.998 7，CP = 0.968 8；静态预测下，RMSE = 0.272 0，MAPE = 1.003 6，CP = 0.986 9。模型外预测效果下降，而且动态预测效果略好于静态预测。这种不正常状况出现是由于 $T=93$，存在异常值。分析原因可知，$T=93$ 对应时间为 2003 年春季，LX_2 在此处急剧下降是由随机突发公共卫生事件（SARS）引起的，它是一次随机冲击，不具有持续性。根据本章前文中 LX_{23} 的 ZA 检验结果，序列受到该冲击后不存在记忆效应。为了更好地反映预测效果，剔除 $T=93$ 的异常值干扰，记新序列为 LTX_2^*，预测效果明显改善，见表 6.7。

表 6.6　LX_2 样本内预测与样本外预测对比

Table 6.6　LX_2 in the Sample and Outside Forecast Compare

指标	$T(52,90)$ 动态预测效果	$T(52,90)$ 静态预测效果	$T(52,107)$ 动态预测效果	$T(52,107)$ 静态预测效果
RMSE	0.065	0.061	0.260	0.272
MAE	0.053	0.049	0.110	0.110
MAPE	0.489	0.459	0.999	1.004
TIC	0.003	0.003	0.012	0.012
BP	0.000	0.000	0.028	0.013
VP	0.008	0.004	0.003	0.000
CP	0.992	0.996	0.969	0.987

表 6.7　LTX_2^* 样本外预测效果

Table 6.7　LTX_2^* Outside-the-Sample Forecast Effect

指标	$T(52,101)$ 动态预测效果	$T(52,101)$ 静态预测效果	$T(52,107)$ 动态预测效果	$T(52,107)$ 静态预测效果
RMSE	0.072	0.064	0.117	0.093
MAE	0.058	0.051	0.079	0.067
MAPE	0.517	0.466	0.690	0.588
TIC	0.003	0.003	0.005	0.004

续表 6.7

指标	$T(52,101)$动态预测效果	$T(52,101)$静态预测效果	$T(52,107)$动态预测效果	$T(52,107)$静态预测效果
BP	0.057	0.031	0.009	0.011
VP	0.135	0.076	0.039	0.034
CP	0.808	0.893	0.952	0.955

将 LTX_2^* 真实值与动态预测线 LTX_2^*F 共同绘制于图 6.2。从图 6.2 观察，在区间 [91,101] 内，LTX_2^* 真实值都比动态预测值 LTX_2^*F 略高，这表明现阶段实行的一般自由贸易政策对会展需求具有一定的促进作用。另外，从图 6.2 中还可以观察到，在 $T=102$ 处 LTX_2^* 真实值与动态预测线 LTX_2^*F 出现明显的趋势偏离，预测效果明显降低，这往往预示着新的结构突变。由于其靠近序列端点，只能结合经济背景加以判断。

2007 年美国次贷危机爆发，引发了全球百年一遇的金融风暴。LTX_2^* 在 $T=102$ 恰好对应这一时期。随着危机向实体经济的进一步传导和蔓延，中国进出口商品交易会作为经济的晴雨表和指示器，其会展需求对市场环境的巨大变化作出了及时响应。由于金融危机影响深远，短期内形成了剧烈而持续的负面冲击，据此判断该点极有可能发生 B 型结构突变。这一点对于组织者和管理者而言无疑需要格外警惕。

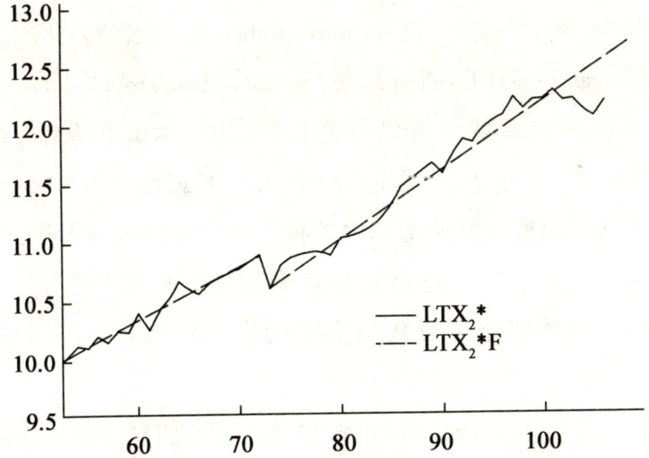

图 6.2　真实值 LX_2^* 与预测值 LTX_2^*F 比较

Figure 6.2　Comparison of Actual Value LTX_2^* and Fitted Value LTX_2^*F

第四节 模型解释与经验总结

一、模型解释

(1)从 ZA 检验结果来看,会展需求对系统运行环境的变化反应敏感,存在结构突变。第 1 次结构突变发生在 1982 年春季,会展需求的数据生成过程是一次由随机趋势平稳到确定趋势平稳的特殊突变过程。依据耗散结构理论它代表一次重要的耗散结构分叉过程,是 CEES 从随机无序状态转变为稳定有序状态的临界点。改革开放政策为耗散结构的形成创造了最关键的基础条件,是 CEES 从封闭转变为开放的根本原因。这既验证了系统是开放的,又揭示了开放性在 CEES 发展过程中的重要地位和作用。

另外的一点意外发现是克鲁格曼(Krugman Paul)一般均衡垄断竞争模型的理论观点似乎得到了验证[256],并且从这一点来看,古典经济理论关于系统封闭的基础假设明显不能被接受,它与 CEES 的现实状况严重相悖,因而关于 CEES 的分析必须在动态开放系统的假设框架下进行。笔者认为保罗 · 罗默(Romer Paul M)提出的知识溢出模型[257]、罗伯特 · 巴罗(Barro Robert J)提出的公共产品模型[258]、罗伯特 · 卢卡斯(Lucas Robert E)将舒尔茨(Schultz Theodore William)的人力资本概念和索洛(Solow Robert)模型[259]相结合提出的人力资本溢出模型等新增长理论框架都可能接近实际[260]。但是,需要注意的是,新增长理论框架尚未达成统一,这些理论尽管都力求通过规模报酬递增和内生技术进步解释经济增长,但它们的假设却往往矛盾,焦点主要集中在完全竞争假定和知识外部性假定,如 Baldwin 和 Forslid 的观点认为技术扩散等反集聚力量的作用显著时会阻碍集聚效应的发挥[261]。

第 2 次结构突变发生在 1993 年春季,仍然与对外贸易政策变化密切相关。尽管它是一个截距和斜率双突变过程,但同第 1 次突变相比,数据生成过程并未发生根本性变化。它的具体含义是:会展需求增长受对外贸易政策影响显著,CEES 的集聚效应得到进一步加强。

(2)从 CEES 运行环境对会展需求的主要影响因素和类型来看,制度政策显著影响斜率,时间尺度是中长期的;会期和场馆仅影响截距,但会期影响显著,时间尺度是长期的,场馆影响不显著,是短期的;资源环境对会展需求的影响程度最强烈,但时间尺度可能极短(如 SARS),这可以从马斯洛的需要层次理论与赫茨伯格的双因素理论比较容易地找到答案;市场因素对会展需求的影响(如亚洲金融危机和 911 事件等)难以确定,因为在样本检验结果中没有信息提示,但样本外预测中发现 2007 年秋季后数据异常,笔者认为存在发生 B 型结构突变的可能,因而它的影响会更多地表现在斜率上。从自回归模型角度来看,模型中有确定性趋势,表明在样本期内会展需求是带有结构突变的间断平稳过程;动态预测与静态预测准确率都很高,较好地揭示了数据生成过程;一阶自回归系数显著,符号为正,表明会展需求受前期促进作用影响明显,但新增会展需求的比例较高,约为 34%,这一方面体现对拓展会展市场工作业绩的肯定,但也从另一方面揭示了会展客户关系管理工作的不足,因为老客户的占比约为 66%,还存在一定的提升空间。

二、经验总结

(1)系统的开放性对于 CEES 发展至关重要,是 CEES 形成耗散结构的重要条件。因而 CEES 管理者和参与者对城市开放的重要性必须有清醒认识,需要为 CEES 的开放性创造条件。检验结果表明,对外贸易政策变化对会展需求具有显著的长期影响,进而引起 CEES 的产出变化,这意味着拒绝了新古典增长理论的一个重要假设:经济政策不会对长期增长产生影响。同时,值得关注的另外一个现象是会期仅改变会展需求的截距。如果将会期变化理解为技术进步因素的外在显现,那么新古典增长理论的技术进步外生性假设也没有得到支持,因为会期变化不影响 CEES 的增长率。新古典增长理论的另外一个假设是总量生产函数和规模报酬不变。这明显不符合实际,因为在第四章,第五章的分析中都很容易找到答案。

通过以上分析可知,在我国对 CEES 的分析不宜用新古典增长框架,这对于 CEES 的管理者来说是重要的。因为实证分析结果表明,只要对制度政策的调节有利于促进城市经济正外部性,有利于改变垄断造成的价格扭曲,有利于通过政府管制来纠正市场失灵,有利于通过创新来推动技术进步,就都会对 CEES 形成显著的长期影响。

(2)会展场馆变化对会展需求的影响作用没有得到检验结果支持,表明封闭式保护贸易政策下政府主导的以会展场馆建设为主的空间型发展模式是不平稳随机趋势过程。这意味着会展场馆对会展需求的促进作用影响十分有限。因此,城市会展场馆建设是面对很大风险的,这与第四章的结果一致。从会展需求的运行特征来看,开放性和会期对其影响是显著的,这意味着应更多关注制度政策和会展工作效率提高。会展需求明显受前期会展经历影响,这提示会展场馆经营管理者需要同会展需求之间建立并保持长期、密切、良好的客户关系,加强会展服务管理,即关注顾客忠诚度、重视关系营销原理的应用。关系营销是 20 世纪 90 年代开始出现在营销著作中的一种备受关注的营销观念。关系营销通常被误解为发展伙伴关系、建立联盟和发展网络的同义词。事实上它的理念不仅仅局限于传统理论认为营销是利用内部可控因素的过程,而是将其视为一种企业同利益相关者、顾客、竞争者、供应商、卖者、政府和社会组织之间相互作用的过程[262]。从现代服务业的分类特征角度来看,对于会展场馆经营公司人们更倾向于将其视为房地产业。关系营销不仅采用了营销观念,而且对“顾客是上帝”的主张加入了时间维度。关系营销是建立竞争优势的有效途径。通过交换信息和同顾客建立伙伴关系,经营者有机会与顾客建立紧密的联系。这种紧密的联系对于双方来说都是潜在的利益,当双方都期望获得长远利益的时候,关系营销战略是最能发挥作用的。关系营销通过以下途径实现战略性竞争优势:①培育与重要贸易伙伴的紧密、难以复制的营销关系;②垂直一体化;③与竞争者合作;④顾客导向;⑤依靠信息技术建立大规模的客户数据库[263]。

本章小结

结构突变理论能够从时间序列中提取更丰富的信息,是正确识别带有结构突变数据生成过程的有效手段。利用内生结构突变检验方法对会展需求进行单位根检验的结果表明:两次结构突变分别与我国改革开放政策的实施、对外贸易政策由保护向自由转变相对应，会展需求对政策是敏感有效的。改革开放前在国家统制型封闭式保护贸易政策下，会展需求是一个单位根过程，其增长趋势是随机的，政府主导的空间型发展模式是随机趋势不平稳过程；实行改革开放政策后，在向市场型开放式自由贸易政策转变过程中，市场主导的效率型发展模式是带有结构突变的间断趋势平稳过程，随机冲击对会展需求造成的趋势偏离只具有暂时的效应，会展需求的长期运动是由确定性趋势函数主导的。

对结构突变成因进行深入分析后发现，改革开放政策实施是决定会展需求从随机无序增长进入稳定有序的耗散结构分支的根本原因。场馆和会期变化仅对会展需求截距影响显著，而政策（体制）变化与外部市场环境变化会引起会展需求的斜率显著变化。基于结构突变理论建立的模型具有更好的解释能力和预测效果。会展需求与城市会展经济系统的运行环境密切相关，会展场馆建设对会展经济的促进作用非常有限，城市会展经济系统的运行状况可以利用制度政策调节、科学技术进步、优化营销策略等手段加以改善。

第七章　CEES 系统仿真研究

综合第四章、第五章和第六章的分析结果，城市会展与城市经济构成的联合系统 CEES 不仅存在复杂的因果关系，而且系统具有耗散结构特征，会展需求、服务业产出和农业产出服从 Logistic 映射，尤其值得重点关注的是会展需求还存在耗散结构突变。根据系统科学的观点，系统发生结构变化的根本原因在于系统结构的不稳定性，因而需要对系统结构的稳定性加以分析。

根据突变论的基础定理——剖分引理，可以将系统的状态变量分为实质性变量和非实质性变量[264]，这样做的目的是可以对系统动力学方程不失本质地进行简化。在这里可以确定，系统的实质性变量是 Y_3 和 TX_2，Y_1，Y_2 和 X_1 为非实质性变量。在此基础上进一步放松假设，在系统状态变量 Y_3 和 TX_2 之间存在非线性交互作用的条件下，先建立联合系统分析的具有普适性的一般框架，然后对系统的稳定性与演化过程进行仿真分析。

第一节　CEES 系统的一般分析框架

首先，Y_3 和 TX_2 满足具有耗散结构特征的 Logistic 映射方程为

$$Z_t = (1+\alpha)Z_{t-1} - \beta Z_{t-1}^2$$

可标准化为

$$z = \mu(1 - z_{t-1})z_{t-1}$$

令 $TX_2 = \omega$，$Y_3 = \theta$，可得到迭代映射方程为

$$\begin{cases} \omega_{n+1} = \mu_\omega \omega_n (1-\omega_n) \\ \theta_{n+1} = \mu_\theta \theta_n (1-\theta_n) \end{cases} \tag{7.1}$$

对于变量(也可以称子系统)Y_3 和 TX_2,它们可以分别视为对方的外部环境的一部分,即两者如果存在交互作用则隐含于各自的 μ 中,那么,令

$$\mu_\omega = \mu_1 + \xi\theta_n$$

$$\mu_\theta = \mu_2 + \zeta\omega_n$$

其中 μ_1 和 μ_2,ξ 和 ζ 都是外部控制参量,代入映射方程,两方程将存在交互项 $\theta_n\omega_n$,$\theta_n\omega_n^2$,$\theta_n^2\omega_n$。

略去高次项 $\theta_n\omega_n^2$ 与 $\theta_n^2\omega_n$,并改写系统动力学方程,将得到结构形式如下的离散非线性映射方程为

$$\begin{cases} \omega_{n+1} = a_1\omega_n - b_1\omega_n^2 + c_1\omega_n\theta_n \\ \theta_{n+1} = a_2\theta_n - b_2\theta_n^2 + c_2\theta_n\omega_n \end{cases} \tag{7.2}$$

映射方程(7.2)构成了 CEES 分析的基本框架,这一框架更具一般性:

当 $c_1 = 0, c_2 = 0$ 时,意味着 Y_3 和 TX_2 无交互作用(独立),它们各自将服从 Logistic 曲线方程;

当 $c_1 = 0, c_2 = 0$,且 $b_1 = 0, b_2 = 0$ 时,Y_3 和 TX_2 为线性方程[265]。

因此,相对以往的分析框架,它更具简洁性、包容性、对称性、和谐性。在这里,a_1, b_1, c_1 分别定义为会展系统外部动力指数,会展系统内部耗散指数,会展对城市经济的耦合效应指数;a_2, b_2, c_2 分别定义为城市经济系统外部动力指数,城市经济系统内部耗散指数,城市经济对城市会展的耦合效应指数。城市会展与城市经济互动关系的强弱程度由 c_1 和 c_2 体现。

第二节 CEES 系统稳定性的理论分析

尽管式(7.2)确定的系统迭代方程形式如此简单,但其运行状态的讨论却相当复杂,尚缺乏公认有效的理论分析工具,因而笔者在这里仅尝试作出有限的定性分析。

一、无约束条件的系统状态方程的结构稳定性

假设系统外部控制参数均为不变常数,系统稳定等价于 ω 与 θ 的极限存在,即有

$$\lim_{n\to\infty}\omega_{n+1} = \lim_{n\to\infty}\omega_n = A$$

$$\lim_{n\to\infty}\theta_{n+1} = \lim_{n\to\infty}\theta_n = B$$

由式(7.2)得方程组为

$$\begin{cases} A = a_1A - b_1A^2 + c_1AB \\ B = a_2B - b_2B^2 + c_2AB \end{cases}$$

解之得到4组解

$$\{A=0, B=0\}$$

$$\{A=0, B=(-1+a_2)/b_2\}\ and(b_2\neq 0)$$

$$\{A=(-1+a_1)/b_1, B=0\}\ and(b_1\neq 0)$$

$$\{A=\frac{-c_1+a_2*c_1-b_2+b_2*a_1}{-c_2*c_1+b_1*b_2}, B=\frac{-c_2+c_2*a_1-b_1+b_1*a_2}{-c_2*c_1+b_1*b_2}\}\ and(-c_2*c_1+b_1*b_2\neq 0)$$

显然,直接讨论系统稳定性是困难的,必须对系统施加一定的约束。

二、含约束条件的系统状态方程的结构稳定性

为了保证方程有实际意义,系统至少应满足如下约束条件:

$\{a_1>0, a_2>0, b_1>0, b_2>0, c_1>0, c_2>0, A\geqslant 0, B\geqslant 0\}$

此时,可以发现系统状态还与一个重要的隐含条件有关,即 $\Delta = b_1\cdot b_2 - c_2\cdot c_1$ 的取值有关。

$\Delta=0$ 时是临界状态,系统稳定性难以确定,需要更为精致的判据。由于这种情况实际中发生的概率为无穷小,此处不作进一步讨论。

根据 $\Delta>0$, $\Delta<0$,分两种情形进行讨论。

(一)$\Delta>0$ 时系统方程的解与稳定性

(1)当满足条件

$$And(a_1<1, a_2<1)$$

时,方程有唯一解

$$\{A=0, B=0\}$$

系统有定常吸引子(0,0)。

(2)当满足条件

$$Or(And(-b_1+a_2b_1-c_2+c_2a_1<0,a_1<1,a_2\geqslant 1)$$
$$And(-b_2+a_1b_2-c_1+c_1a_2<0,a_1<1,a_2\geqslant 1))$$

时,方程有两组解

$$\{A=0,B=0\}$$
$$\{A=0,B=\frac{a_2-1}{b_2}\}$$

系统有定常吸引子$\left(0,\frac{a_2-1}{b_2}\right)$。

(3)当满足条件

$$Or(And(-b_1+a_2b_1-c_2+c_2a_1<0,a_1\geqslant 1,a_2<1)$$
$$And(-b_2+a_1b_2-c_1+c_1a_2<0,a_1\geqslant 1,a_2<1))$$

时,方程有两组解

$$\{A=0,B=0\}$$
$$\{A=\frac{a_1-1}{b_1},B=0\}$$

系统有定常吸引子$\left(\frac{a_1-1}{b_1},0\right)$。

(4)当满足条件

$$And(-b_1+a_2b_1-c_2+c_2a_1\geqslant 0,-b_2+a_1b_2-c_1+c_1a_2\geqslant 0,a_1<1,a_2\geqslant 1)$$

时,方程有三组解

$$\{A=0,B=0\}$$
$$\{A=0,B=\frac{a_2-1}{b_2}\}$$
$$\{A=\frac{a_1b_2-b_2+c_1a_2-c_1}{b_2b_1-c_2c_1},B=\frac{a_2b_1-b_1+c_2a_1-c_2}{b_2b_1-c_2c_1}\}$$

系统运行状态与参数取值有关,稳定性难以确定。

(5)当满足条件

$$And(a_2b_1-b_1+c_2a_1-c_2\geqslant 0,a_1b_2-b_2+c_1a_2-c_1\geqslant 0,a_1\geqslant 1,a_2<1)$$

时,方程有三组解

$$\{A=0,B=0\}$$

$$\{A=\frac{a_1-1}{b_1},B=0\}$$

$$\{A=\frac{a_1b_2-b_2+c_1a_2-c_1}{b_2b_1-c_2c_1},B=\frac{a_2b_1-b_1+c_2a_1-c_2}{b_2b_1-c_2c_1}\}$$

系统运行状态与参数取值有关,稳定性难以确定。

(6)当满足条件 $And(a1\geqslant 1,a2\geqslant 1)$ 时,方程有四组解

$$\{A=0,B=0\}$$

$$\{A=\frac{a_1-1}{b_1},B=0\}$$

$$\{A=0,B=\frac{a_2-1}{b_2}\}$$

$$\{A=\frac{a_1b_2-b_2+c_1a_2-c_1}{b_2b_1-c_2c_1},B=\frac{a_2b_1-b_1+c_2a_1-c_2}{b_2b_1-c_2c_1}\}$$

这是最普遍的一种情形,也是系统运行状态最复杂最有趣的一种情形,系统运行状态与参数取值有关,稳定性难以确定。

为了更好地理解控制参数对系统的影响,这里先举例简要加以说明。不失一般性,假设

系统初值为 $\omega_1=100,\theta_1=100$;

系统不变参数为 $b_1=0.002,b_2=0.002,c_1=0.001,c_2=0.002$;

a_1,a_2 为可变参数。

为讨论方便,同时施加约束 $a_1=a_2=a$。

尽管施加约束后,系统运行状态由唯一参数 a 控制,但要给出解析解依然是困难的。这里需要利用计算机程序来模拟仿真,作出系统相图,再根据系统相轨迹加以分析,调试的部分例程见 Program7.1。

Program7.1

```
close all;clc;clear;
N=200;                                   % 设置迭代次数
x=zeros(1,N);y=x;z=x;w=x;I=x;            % 对 x 和 y 预定义初值
p06=990.7373;q06=6321.6815;              % 06 年真值
p96=284.5112;q96=1578.3374;              % 96 年真值
p=100;q=100;                             % 定义初值
x(1)=p;y(1)=q;                           % 定义初值
z(1)=p;w(1)=q;I(1)=1;                    % 定义初值
a1000=0.95;                              % 对参数 a1000 赋值
a2000=0.95;                              % 对参数 a2000 赋值
b1000=0.002;                             % 对参数 b1000 赋值
b2000=0.002;                             % 对参数 b2000 赋值
c1000=0.002;                             % 对参数 c1000 赋值
c2000=0.001;                             % 对参数 c2000 赋值

for n=1:N-1;
   x(n+1)=(a1000-b1000*x(n)+c1000*y(n))*x(n);   % 迭代计算
   y(n+1)=(a2000-b2000*y(n)+c2000*x(n))*y(n);   % 迭代计算
   if x(n+1)<0;x(n+1)=0;
      end
       if y(n+1)<0;y(n+1)=0;
      end
   z(n+1)=x(n+1);                        % 记录绘图数据
   w(n+1)=y(n+1);                        % 记录绘图数据
   I(n+1)=n+1;                           % 记录绘图数据
end
```

Program7.1(续)

```
subplot(321);plot(x,y,'.','markersize',1); % 绘图
xlabel('\itx','Fontsize',16,'Fontname','Times new roman');        %x 轴标注
ylabel('\ity','Fontsize',16,'Fontname','Times new roman');        %y 轴标注
title(['{\ita} =',num2str(a1000)],'Fontsize',16,'Fontname','Times new ro-
man');                                                            %标注图题

a1001 =1.3;                              % 对参数 a1001 赋值
a2001 =1.3;                              % 对参数 a2001 赋值
b1000 =0.002;                            % 对参数 b1000 赋值
b2000 =0.002;                            % 对参数 b2000 赋值
c1000 =0.002;                            % 对参数 c1000 赋值
c2000 =0.001;                            % 对参数 c2000 赋值
for n =1:N-1;
   x(n+1) =(a1001 -b1000 *x(n) +c1000 *y(n)) *x(n);  % 迭代计算
   y(n+1) =(a2001 -b2000 *y(n) +c2000 *x(n)) *y(n);  % 迭代计算
   if x(n+1) <0;x(n+1) =0;
      end
      if y(n+1) <0;y(n+1) =0;
     end
   z(n+1) =x(n+1);                       % 记录绘图数据
   w(n+1) =y(n+1);                       % 记录绘图数据
   I(n+1) =n+1;
end
subplot(322);plot(x,y,'.','markersize',1);                       % 绘图
xlabel('\itx','Fontsize',16,'Fontname','Times new roman');        % x 轴标注
ylabel('\ity','Fontsize',16,'Fontname','Times new roman');        % y 轴标注
```

Program7.1(续)

```
title(['{\ita} =',num2str(a1001)],'Fontsize',16,'Fontname','Times new ro-
man');                                                    % 标注图题
……
a1005 =1.45;                                % 对参数 a1005 赋值
a2005 =1.45;                                % 对参数 a2005 赋值
b1000 =0.002;                               % 对参数 b1000 赋值
b2000 =0.002;                               % 对参数 b2000 赋值
c1000 =0.002;                               % 对参数 c1000 赋值
c2000 =0.001;                               % 对参数 c2000 赋值

for n =1:N -1;
   x(n +1) =(a1005 -b1000 * x(n) +c1000 * y(n)) * x(n);   % 迭代计算
   y(n +1) =(a2005 -b2000 * y(n) +c2000 * x(n)) * y(n);   % 迭代计算
   if x(n +1) <0;x(n +1) =0;
        end
        if y(n +1) <0;y(n +1) =0;
      end
   z(n +1) =x(n +1);                        % 记录绘图数据
   w(n +1) =y(n +1);                        % 记录绘图数据
   I(n +1) =n +1;
end

subplot(326);plot(x,y,'.','markersize',1);                % 绘图
xlabel('\itx','Fontsize',16,'Fontname','Times new roman');   % x 轴标注
ylabel('\ity','Fontsize',16,'Fontname','Times new roman');   % x 轴标注
title(['{\ita} =',num2str(a1005)],'Fontsize',16,'Fontname','Times new ro-
man');                                                    % 标注图题
```

根据以上分析，系统运行状态可分为以下 5 种状态：

(1)当 $0 \leqslant a \leqslant 1$ 时，系统稳定，有 1 个定常吸引子 $(0,0)$；

(2)当 $1 < a \leqslant 1.33$ 时，系统稳定，有 1 个定常吸引子 $(1500a-1500, 2000a-2000)$；

(3)当 $1.33 < a < 1.41$ 时，系统呈两点周期变化，即有 2 周期吸引子。在这里，为得到 2 周期吸引子的解 $\{\omega^*, \theta^*\}$，需要解如下 2 元 4 次方程组：

$$\begin{cases} EQ1: a_1(a_1\omega - b_1\omega^2 + c_1\omega\theta) - b_1(a_1\omega - b_1\omega^2 + c_1\omega\theta)^2 + \\ c_1(a_1\omega - b_1\omega^2 + c_1\omega\theta)(a_2\theta - b_2\theta^2 + c_2\theta\omega) - \omega = 0 \\ EQ2: a_2(a_2\theta - b_2\theta^2 + c_2\theta\omega) - b_2(a_2\theta - b_2\theta^2 + c_2\theta\omega)^2 + \\ c_2(a_2\theta - b_2\theta^2 + c_2\theta\omega)(a_1\omega - b_1\omega^2 + c_1\omega\theta) - \theta = 0 \end{cases}$$

先将 $a_1 = a_2 = a$，$b_1 = 0.002$，$b_2 = 0.002$，$c_1 = 0.001$，$c_2 = 0.002$ 代入并化简求解，得其中一个吸引子的隐式解为

```
ω1* = (3 * RootOf(_Z^6 - (5 * 10^3) * a * _Z^5 + (8.25 * a^2 + 1.5 * a) * 10^6 *
_Z^4 - 5 * 10^9 * (a^3 + a^2) * _Z^3 + (10^12) * (a^4 + 0.75 * a^2 + 4.625) *
a^3) * _Z^2 - 1.25 * 10^15 * (a^3 + a^4) * _Z + 2.5 * 10^17 * (a^3 + a^4))^5) -
(8.25 * 10^3) * RootOf(_Z^6 - (5 * 10^3) * a * _Z^5 + (1.5 * 10^6 * (5.5 * a^2 +
a) * _Z^4 - 5 * 10^9 * (a^3 + a^2) * _Z^3 + 10^12 * (a^4 + 0.75 * a^2 +
4.625 * a^3) * _Z^2 - (1.25 * 10^15) * (a^3 + a^4) * _Z + (2.5 * 10^17 * (a^3 +
a^4))^4 * a + (7.5 * 10^11) * RootOf(_Z^6 - (5 * 10^3) * a * _Z^5 + ((1.5 * 10^6) *
(5.5 * a^2 + a) * _Z^4 - (5 * 10^9) * (a^3 + a^2) * _Z^3 + (10^12) * (a^4 +
0.75 * a^2 + 4.625 * a^3) * _Z^2 - (1.25 * 10^15) * (a^3 + a^4) * _Z +
(2.5 * 10^17) * (a^3 + a^4) * a^2 - (5 * 10^14) * a^2 + (3 * 10^6) * RootOf(_Z^6 -
(5 * 10^3) * a * _Z^5 + (1.5 * 10^6 (5.5 * a^2 + a) * _Z^4 - 5 * 10^9 * (a^3 + a^2) *
_Z^3 + (10^12) * (a^4 + 0.75 * a^2 + 4.625 * a^3) * _Z^2 - (1.25 * 10^15) *
(a^3 + a^4) * _Z + (2.5 * 10^17) * (a^3 + a^4)^3 * a + (4.625 * 10^6) *
RootOf(_Z^6 - (5 * 10^3) * a * _Z^5 + (1.5 * 10^6) * (5.5 * a^2 + * a) * _Z^4 -
```

```
(5 * 10^9) * (a^3 + a^2) * _Z^3 + ((1 * 10^12) * (a^4 + 0.75 * a^2 + 4.625 * a^3) *
_Z^2 - (1.25 * 10^15) * (a^3 + a^4) * _Z + (2.5 * 10^17) * (a^3 + a^4)^3 * a^2 +
(5 * 10^14) * a^4 - (1.25 * 10^8) * RootOf( _Z^6 - (5 * 10^3) * a * _Z^5 +
(1.5 * 10^6) * (5.5 * a^2 + * a) * _Z^4 - (5 * 10^9) * (a^3 + a^2) * _Z^3 +
(1 * 10^12) * (a^4 + 0.75 * a^2 + 4.625 * a^3) * _Z^2 - (1.25 * 10^15) *
(a^3 + a^4) * _Z + (2.5 * 10^17) * (a^3 + a^4)^2 * a^3 - (4.125 * 10^9) *
RootOf( _Z^6 - (5 * 10^3) * a * _Z^5 + ((1.5 * 10^6) * (5.5 * a^2 + a) * _Z^4 -
(5 * 10^9) * (a^3 + a^2) * _Z^3 + (1 * 10^12) * (a^4 + 0.75 * a^2 + 4.625 * a^3) *
_Z^2 - (1.25 * 10^15) * (a^3 + a^4) * _Z + (2.5 * 10^17) * (a^3 + a^4)^2 * a^2 -
(2.5 * 10^11) * RootOf( _Z^6 - (5 * 10^3) * a * _Z^5 + (1.5 * 10^6) * (5.5 * a^2 +
a) * _Z^4 - (5 * 10^9) * (a^3 + a^2) * _Z^3 + (1 * 10^12) * (a^4 + 0.75 * a^2 +
4.625 * a^3) * _Z^2 - (1.25 * 10^15) * (a^3 + a^4) * _Z + (2.5 * 10^17) * (a^3 +
a^4) * a^4 + (5 * 10^11) * RootOf( _Z^6 - (5 * 10^3) * a * _Z^5 + (1.5 * 10^6) *
(5.5 * a^2 + a) * _Z^4 - (5 * 10^9) * (a^3 + a^2) * _Z^3 + (10^12) * (a^4 +
0.75 * a^2 + 4.625 * a^3) * _Z^2 - (1.25 * 10^15) * (a^3 + a^4) * _Z +
(2.5 * 10^17) * (a^3 + a^4) * a^3)/(4 * RootOf( _Z^6 - (5 * 10^3) * a * _Z^5 +
((1.5 * 10^6) * (5.5 * a^2 + a) * _Z^4 - (5 * 10^9) * (a^3 + a^2) * _Z^3 +
(10^12) * (a^4 + 0.75 * a^2 + 4.625 * a^3) * _Z^2 - (1.25 * 10^15) * (a^3 +
a^4) * _Z + (2.5 * 10^17) * (a^3 + a^4)^4 - (1.1 * 10^4) * RootOf( _Z^6 -
(5 * 10^3) * a * _Z^5 + ((1.5 * 10^6) * (5.5 * a^2 + a) * _Z^4 - (5 * 10^9) * (a^3 +
a^2) * _Z^3 + (10^12) * (a^4 + 0.75 * a^2 + 4.625 * a^3) * _Z^2 -
(1.25 * 10^15) * (a^3 + a^4) * _Z + (2.5 * 10^17) * (a^3 + a^4)^3 * a +
(4 * 10^6) * RootOf( _Z^6 - (5 * 10^3) * a * _Z^5 + (1.5 * 10^6) * (5.5 * a^2 + a) *
_Z^4 - (5 * 10^9) * (a^3 + a^2) * _Z^3 + (10^12) * (a^4 + 0.75 * a^2 +
4.625 * a^3) * _Z^2 - (1.25 * 10^15) * (a^3 + a^4) * _Z + (2.5 * 10^17) *
(a^3 + a^4)^2) * a + (6.25 * 10^6) * RootOf( _Z^6 - (5 * 10^3) * a * _Z^5 +
(1.5 * 10^6) * (5.5 * a^2 + a) * _Z^4 - (5 * 10^9) * (a^3 + a^2) * _Z^3 + (10^12) *
```

(a^4 +0.75 * a^2 +4.625 * a^3) * _Z^2 - (1.25 * 10^15) * (a^3 + a^4) * _Z +
(2.5 * 10^17) * (a^3 + + a^4)^2) * a^2 - (5 * 10^8) * RootOf(_Z^6 - (5 * 10^3) * a *
_Z^5 + (1.5 * 10^6) * (5.5 * a^2 + a) * _Z^4 - (5 * 10^9) * (a^3 + a^2) * _Z^3 +
(10^12) * (a^4 +0.75 * a^2 +4.625 * a^3) * _Z^2 - (1.25 * 10^15) * (a^3 + a^4) *
_Z + (2.5 * 10^17) * (a^3 + a^4) * a^3 - (5.5 * 10^9) * RootOf(_Z^6 - (5 * 10^3) *
a * _Z^5 + (1.5 * 10^6) * (5.5 * a^2 + a) * _Z^4 - (5 * 10^9) * (a^3 + a^2) * _Z^3 +
(10^12) * (a^4 +0.75 * a^2 +4.625 * a^3) * _Z^2 - (1.25 * 10^15) * (a^3 + a^4) *
_Z + (2.5 * 10^17) * (a^3 + a^4) * a^2 + (10^12) * (a^2 + a^3)_Z^5 +
(1.5 * 10^6) * (5.5 * a^2 + * a) * _Z^4 - (5 * 10^9) * (a^3 + a^2) * _Z^3 + (10^12) *
(a^4 +0.75 * a^2 +4.625 * a^3) * _Z^2 - (1.25 * 10^15) * (a^3 + a^4) * _Z +
(2.5 * 10^17) * (a^3 + a^4) * a^2 + (10^12) * (a^2 + a^3))

$$\theta_1^* = \mathrm{RootOf}(Z^6 - 5*10^3*a*Z^5 + 10^6*(8.25*a^2 + 1.5*a)*Z^4 + 5*10^9*(-a^3 - a^2)*Z^3 + 10^{12}*(a^4 + 0.75*a^2 + 4.625*a^3)*Z^2 + 1.25*10^{15}*(-a^4 - a^3)*Z + 2.5*10^{17}*(a^4 + a^3))$$

再将$\{\omega_1^*, \theta_1^*\}$分别代入动力学方程(7.2),即可得到另一组解$\{\omega_2^*, \theta_2^*\}$。由于$\{\omega_2^*, \theta_2^*\}$的表达式过于繁冗,这里不再给出。

(4)当$1.41 \leqslant a < 1.46$时,系统不稳定,将呈现复杂的动态特性,由两个极限环逐渐过渡到混沌。

(5)当$a > 1.46$时,系统不稳定,将有3周期点(0,0),$(500*a-500, 0)$,$(0, 500*a-500)$,随着a的增大,系统3种状态交替出现,反复震荡,但变化极不规则,系统状态无法确定。

(二)Δ<0时系统方程的解与稳定性

(1)当满足条件

$And(a_2b_1 - b_1 + c_2a_1 - c_2 \leqslant 0, a_1b_2 - b_2 + c_1a_2 - c_1 \leqslant 0, a_1 \geqslant 1, a_2 < 1)$时,方程有三组解

$$\{A = 0, B = 0\}$$

$$\{A=\frac{a_1-1}{b_1},B=0\}$$

$$\{A=\frac{a_1b_2-b_2+c_1a_2-c_1}{b_2b_1-c_2c_1},B=\frac{a_2b_1-b_1+c_2a_1-c_2}{b_2b_1-c_2c_1}\}$$

系统有定常吸引子$\left(\frac{a_1-1}{b_1},0\right)$。

(2)当满足条件

$And(-b_1+a_2\quad b_1-c_2+c_2\quad a_1\leqslant 0,-b_2+a_1\quad b_2-c_1+c_1\quad a_2\leqslant 0,a_1<1,a_2\geqslant 1)$时，方程有三组解

$$\{A=0,B=0\}$$

$$\{A=0,B=\frac{a_2-1}{b_2}\}$$

$$\{A=\frac{a_1b_2-b_2+c_1a_2-c_1}{b_2b_1-c_2c_1},B=\frac{a_2b_1-b_1+c_2a_1-c_2}{b_2b_1-c_2c_1}\}$$

系统有定常吸引子$\left(0,\frac{a_2-1}{b_2}\right)$。

(3)当满足条件 $And(a_1<1,a_2<1)$时，方程有两组解

$$\{A=0,B=0\}$$

$$\{A=\frac{-c_1+a_2\quad c_1-b_2+b_2\quad a_1}{-c_2\quad c_1+b_1\quad b_2},B=\frac{-c_2+c_2\quad a_1-b_1+b_1\quad a_2}{-c_2\quad c_1+b_1\quad b_2}\}$$

尽管此时系统运行状态仍与参数取值有关，但不动点

$$\left(\frac{-c_1+a_2\quad c_1-b_2+b_2\quad a_1}{-c_2\quad c_1+b_1\quad b_2},\frac{-c_2+c_2\quad a_1-b_1+b_1\quad a_2}{-c_2\quad c_1+b_1\quad b_2}\right)$$

是不稳定奇点，系统有定常吸引子(0,0)。

同时，特别值得关注的是，恰当选择系统初值时(大于某一临界值)，系统最终演化状态为$(+\infty,+\infty)$，即系统实现永续增长。

(4)当满足条件 $And(a_1\geqslant 1,a_2\geqslant 1)$时，方程有三组解

$$\{A=0,B=0\}$$

$$\{A=\frac{a_1-1}{b_1},B=0\}$$

$$\{A=0, B=\frac{a_2-1}{b_2}\}$$

不动点$\left(\frac{a_1-1}{b_1},0\right)$和$\left(0,\frac{a_2-1}{b_2}\right)$都是不稳定奇点，与(3)类似，根据初值不同，其最终演化状态有 2 种可能：(0,0)或(+∞ , +∞)。

(5)当满足条件

$Or(And(a_1b_2-b_2+c_1a_2-c_1>0, a_1<1, a_2\geqslant 1, And(a_2b_1-b_1+c_2a_1-c_2>0, a_1<1, a_2\geqslant 1))$时，方程有两组解

$$\{A=0, B=0\}$$

$$\{A=0, B=\frac{a_2-1}{b_2}\}$$

其中$\left(0,\frac{a_2-1}{b_2}\right)$是不稳定奇点，与(3)类似，其最终演化状态也只有 2 种可能：(0,0)或(+∞ , +∞)。

(6)当满足条件

$Or(And(-b_1+a_2b_1-c_2+c_2a_1>0, a_1\geqslant 1, a_2<1), And(-b_2+a_1b_2-c_1+c_1a_2>0, a_1\geqslant 1, a_2<1))$时，方程有两组解

$$\{A=0, B=0\}$$

$$\{A=\frac{a_1-1}{b_1}, B=0\}$$

其中$\left(\frac{a_1-1}{b_1},0\right)$是不稳定奇点，其最终演化状态也只有 2 种可能：(0,0)或(+∞ , +∞)。

第三节　仿真分析

系统结构已由本章第一节一般框架揭示，城市会展与城市经济互动关系对系统状态的影响将通过仿真分析来进一步明确，其关键在于确定系统控制参数。

一、系统控制参数的确定

根据第六章的检验结果，系统分量 ω 在局部线性化假设条件下是含有结构突

变的间断趋势平稳过程，因而需要避免结构突变的影响，取1996年至2006年的近期数据对变量进行小样本估计，逐步剔除不显著变量，得到系统的映射方程参数见表7.1，表7.2。θ方程参数中个别参数不显著的原因是剔除了常数项，当方程中包含常数项时，耗散项与交互项都在5%显著性水平下都通过了检验，笔者认为，这样做并不影响下一步工作。

表7.1 ω方程参数

Table 7.1 Parameters of ω Equation

变量	系数	标准差	T统计量	显著性
ω(-1)	1.191 365	0.056 957	20.916 76	0.000 0
ω(-1)^2	-0.001 781	0.000 725	-2.458 057	0.039 4
ω(-1)*θ(-1)	0.000 284	0.000 126	2.251 019	0.054 5
决定系数	0.988 828	平均因变量方差		606.472 2
调整决定系数	0.986 035	因变量标准差		253.672 6
回归标准误	29.977 33	赤池信息准则		9.865 760
残差平方和	7 189.121	施瓦茨信息准则		9.974 277
对数似然比	-51.261 68	汉宁规则		9.797 356
杜-瓦统计量	2.287 765			

表7.2 θ方程参数

Table 7.2 Parameters of θ Equation

变量	系数	标准差	T统计量	显著性
θ(-1)	1.188 967	0.026 227	45.333 81	0.000 0
θ(-1)^2	-0.000 116	5.57E-05	-2.079 313	0.071 2
θ(-1)*ω(-1)	0.000 607	0.000 318	1.908 672	0.092 7
决定系数	0.998 030	平均因变量方差		3 616.934
调整可决系数	0.997 537	因变量标准差		1 577.982
回归标准误	78.313 17	赤池信息准则		11.786 31
残差平方和	49 063.62	施瓦茨信息准则		11.894 83
对数似然比	-61.824 70	汉宁规则		11.717 90
杜-瓦统计量	1.555 379			

由表7.1,表7.2可得到迭代方程

$$\begin{cases}\omega_{n+1}=1.191\,365\omega_n-0.001\,781\omega_n^2+0.000\,284\omega_n\theta_n\\ \theta_{n+1}=1.188\,967\theta_n-0.000\,116\theta_n^2+0.000\,607\theta_n\omega_n\end{cases}$$

即 $a_1=1.191\,365$, $a_2=1.188\,967$, $b_1=0.001\,781$, $b_2=0.000\,116$, $c_1=0.000\,284$, $c_2=0.000\,607$, $\Delta=3.42*10^{-8}$。

$\Delta=3.42*10^{-8}>0$, $a_1=1.191\,365>1$, $a_2=1.188\,967>1$,满足情形1中的类型(6),系统稳定性通过模拟仿真来确定。

二、控制参数不变条件下的系统演化分析

假设系统参数保持不变,通过迭代映射方程,得到系统未来的演化信息如图7.1。

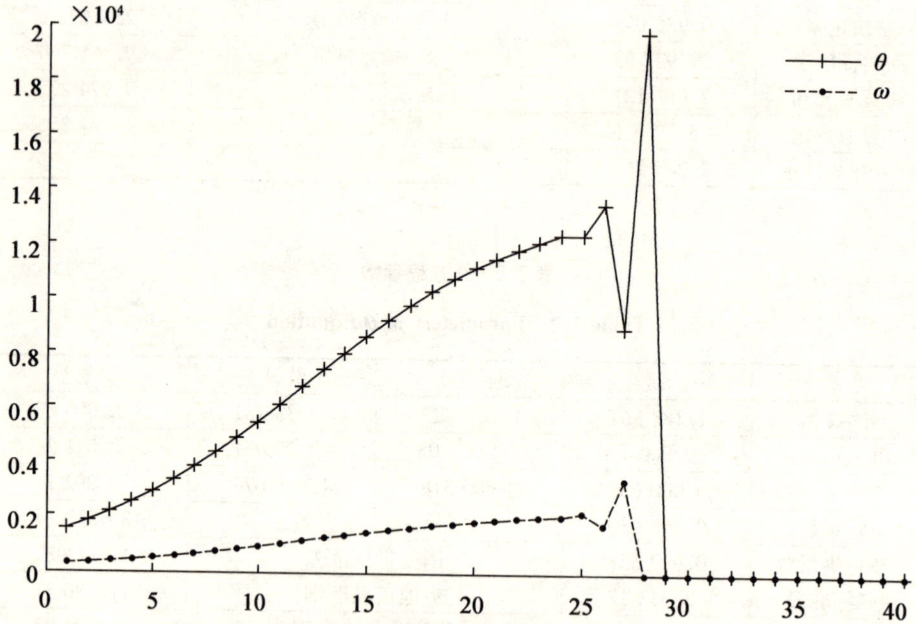

图7.1 参数不变条件下的系统时间序列

Figure 7.1 Time Series of System on Invariable Parameters

在这种条件下,尽管系统在 $n<25$ 的区间内能够实现不断增长,但在 $n\geq25$ 时,

系统会在经历一次剧烈震荡后回到不动点(0,0),即系统将发生结构突变,并且将出现类似自组织临界性沙堆模型一样的雪崩现象。根据演化结果可以判定,在参数不变条件下,系统的运行和发展是不可持续的,系统高度不稳定,因而无论如何系统参数必须进行调整,否则系统崩溃,系统需要通过结构变化来完成从不稳定状态向稳态跃迁。结构不稳定的系统在受到任何较大的随机冲击时,会产生持久性记忆,而随机冲击通常是无约束和难以预测的,这同样意味着结构变化随时都可能发生。2007 年爆发的金融危机对系统分量会展需求造成的巨大影响也可以由系统的结构不稳定得到较有说服力的解释。

三、控制参数可变条件下的系统演化分析

结构突变发生后系统运行状态和演化信息如何,是值得关注的重要问题,这里通过系统模拟仿真,借助相图分析法,对系统参数的变化作出一些推断。

(一)单参数调整下的系统演化分析

假设系统只有唯一参数进行调整,其他参数保持不变,分为 6 种情况。

1. a_1 可变条件下系统演化分析

由系统相图 7.2 可以观察到,系统能够长期运行的取值范围是(0.536,0.864)。当 $a_1 \in (0,0.536)$时系统不能正常发展,有吸引子(0,0);$a_1 = 0.536$ 时系统出现临界态,出现有序的耗散结构;当 $a_1 \in (0.536,0.768)$时有非零的 0 维吸引子存在,系统有稳定的不动点,例如 $a_1 = 0.7$,则 $\omega = 560, \theta = 4\ 600$,系统保持长期稳定增长的运行状态;$a_1 = 0.768$ 是临界态,随着 a_1 继续增大出现分岔,当 $a_1 \in (0.768,0.86)$系统长期运行状态将呈现"大小年"似的 2 点周期变化,即有 2 周期吸引子;随着 a_1 继续增大系统进入混沌态,但混沌区间很窄,区间是 $a_1 \in (0.86,0.864)$;当 a_1 继续增大,系统将由混沌到达定态(0,163 2)。

对比本章前文由实证分析确定的初值,这里把它记为 $a_1^{(0)} = 1.191$. 很明显,如果参数不变,它将经历短期的剧烈震荡而趋向定态(0,163 2)。系统若要通过调节 a_1 保持稳定,则需要经历一个混沌区间和一个两周期变化区间。

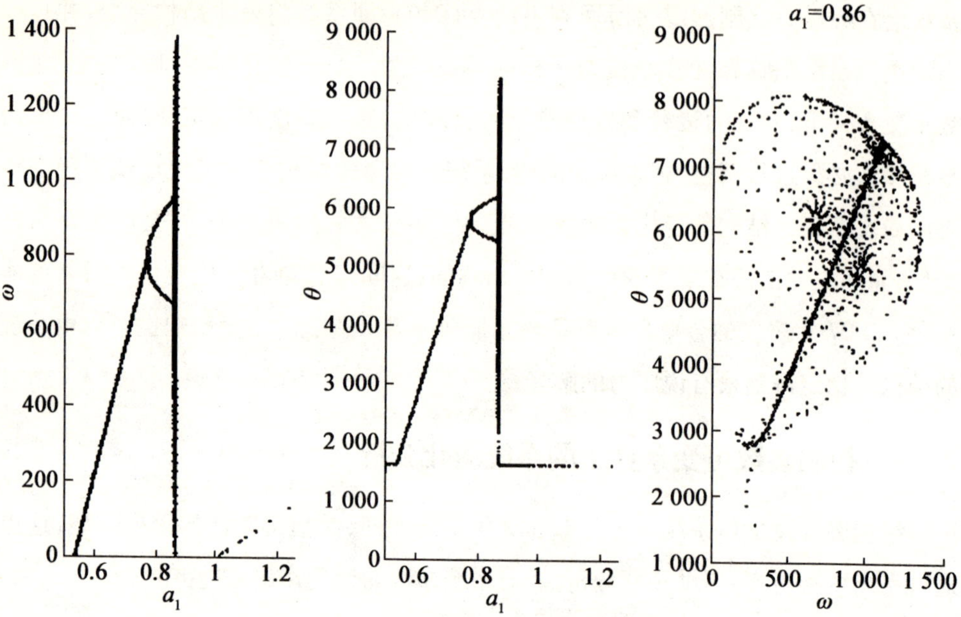

图 7.2　当 a_1 连续变化条件时系统相图

Figure 7.2　Phase Diagram of the System when Continuously Changes

2. a_2 可变条件下系统演化分析

当 a_2 可变时，与 a_1 可变时的分析方法类似，但是两者相图有本质上的差异。由系统相图 7.3 可以观察到，系统能够长期运行的取值范围是 $a_2 \in (0.935, 1.064)$。当 $a_2 \in (0, 0.935)$ 时系统不能正常发展，定常吸引子为 (107.4, 0)；$a_2 = 0.935$ 是系统临界态，出现有序的耗散结构；当 $a_2 \in (0.935, 1.025)$ 时有非零的 0 维吸引子存在，系统有稳定的不动点。$a_2 = 1.025$ 是临界态，随着 a_2 继续增大系统出现分岔，$a_2 \in (1.025, 1.064)$ 系统长期运行状态有 2 周期吸引子，但 θ 两分支总体趋势都是向上增长的；随着 a_2 继续增大系统没有混沌态，直接突变到一小段稳定的线性增长区，区间为 $a_2 \in (1.065, 1.097)$，有定常吸引子 $\left(0, \frac{a_2 - 1}{b_2}\right)$；当 a_2 继续增大时，系统在一些特殊位置仍会出现吸引子 $\left(0, \frac{a_2 - 1}{b_2}\right)$，但概率很小，绝大多数情况下，会回到 (0, 0)，总之 $a_2 > 1.064$，系统都不能正常的运行。对比本章前文由实证分析确定的初值，这里把它记为 $a_2^{(0)} = 1.189$。尽管 a_2 也处于不稳定区间，但与 a_1 相比，a_2 的偏离幅度要小很多。

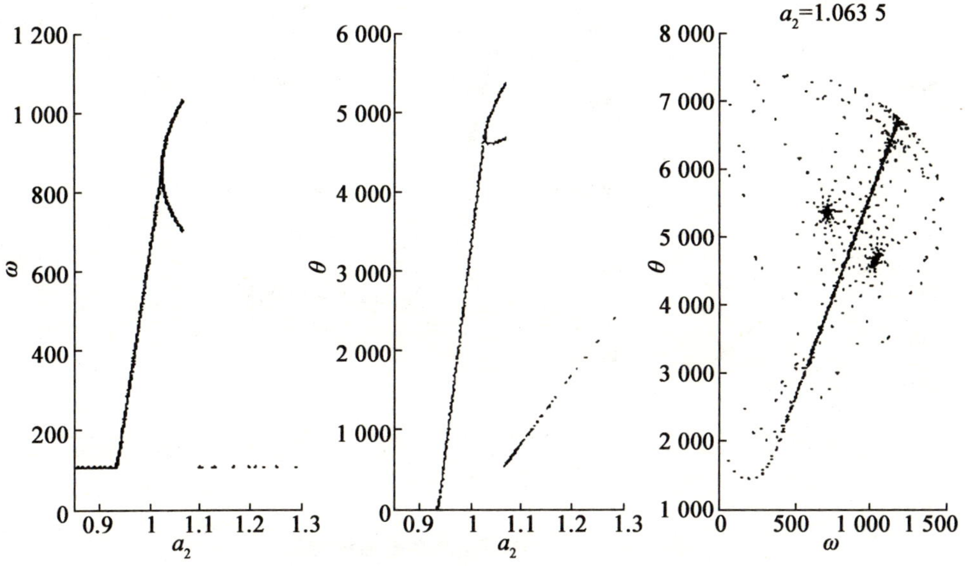

图 7.3 当 a_2 连续变化条件时系统相图

Figure 7.3 Phase Diagram of the System when a_2 Continuously Changes

通过以上分析可知，系统不稳定的风险主要来自 a_1，a_2 在受到外部冲击时能较快地经历一个很短的 2 周期变化区间回到稳定的轨道，而 a_1 却比较困难。这意味着会展需求容易受外部环境的影响而产生较大波动，也从另一侧面验证了第四章第三节 ω（会展需求）具有一定的外生性的检验结果。

3. b_1 可变条件下系统演化分析

观察系统相图 7.4 可知，系统能够长期运行的取值范围是 $b_1 \in (0.002\ 13, 0.005\ 75)$。当 $b_1 \in (0.002\ 51, 0.005\ 75)$ 有非零的 0 维吸引子存在，系统有稳定的不动点。$b_1 = 0.002\ 51$ 是临界态，随着 b_1 减小系统出现分岔，$b_1 \in (0.002\ 13, 0.002\ 51)$ 系统长期运行状态有 2 周期吸引子，但 θ 两分支总体趋势都是向上增长的，而 ω 波动范围较大；随着 b_1 继续减小系统没有混沌态。由初值 $b_1^{(0)} = 0.001\ 781$ 可知，系统若要保持稳定，需要增大 b_1，经历一个具有 2 周期吸引子的区间。值得注意的是，当 $b_1 < 0.000\ 6$ 时，系统将趋向于 (∞, ∞)，这是系统的一个理想状态。

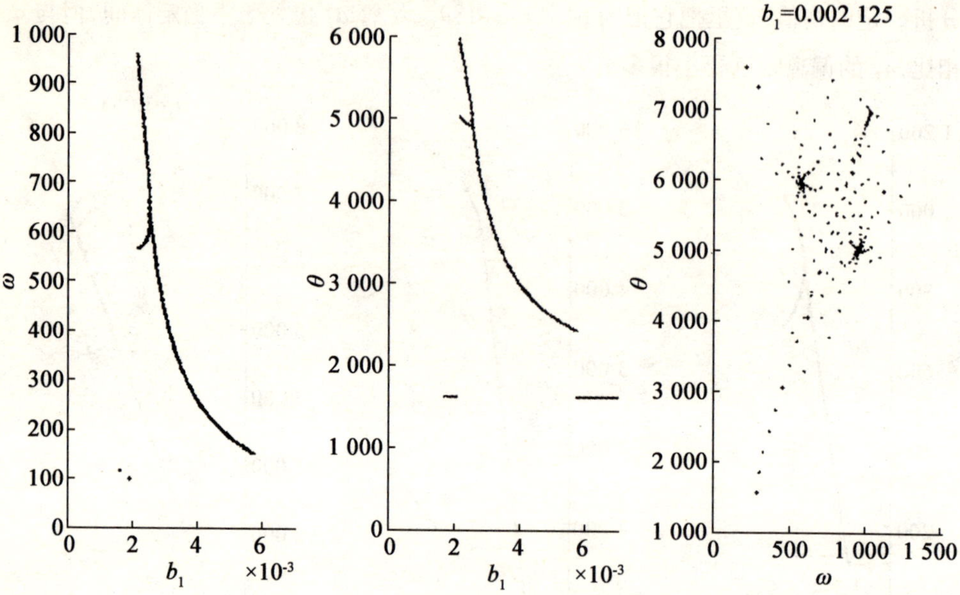

图 7.4　当 b_1 连续变化条件时系统相图

Figure 7.4　Phase Diagram of the System when b_1 Continuously Changes

4. b_2 可变条件下系统演化分析

观察系统相图 7.5 可知,系统能够长期运行的取值范围是 $b_2 \in$ (0. 000 135, 0. 000 86)。当 $b_2 \in$ (0. 001 535,0. 000 86)有非零的 0 维吸引子存在,系统有稳定的不动点。b_2 =0. 000 153 5 是临界态,随着 b_2 减小系统出现分岔。$b_2 \in$ (0. 000 135 5, 0. 000 153 5)系统长期运行状态有 2 周期吸引子,但 θ 两分支总体趋势都是向上增长的,而 ω 波动范围较大;随着 b_2 继续减小系统在 b_2 =0. 000 135 5 附近有非常狭窄的混沌带。由 b_2 的初值 $b_2^{(0)}$ = 0. 000 115 8 可知,系统若要保持稳定,需要增大 b_2,系统先经历一个混沌区,再经历一个具有 2 周期吸引子的区间。

5. c_1 可变条件下系统演化分析

观察系统相图 7.6 可知,系统能够长期运行的取值范围是 $c_1 \in$ (0,0. 000 243 5)。当 $c_1 \in$ (0,0. 000 217)时有非零的 0 维吸引子存在,系统有稳定的不动点。c_1 = 0. 000 217是临界态,随着 c_1 增大系统出现分岔,$c_1 \in$ (0. 000 217,0. 000 242 5)系统长期运行状态有 2 周期吸引子,但 θ 与 ω 波动范围都较大;系统在 c_1 =0. 000 243 附

近有非常狭窄的混沌带。c_1 的初值 $c_1^{(0)} = 0.0002843$，系统若要保持稳定，需要减小 c_1，也要先经历一个混沌区，再经历一个具有 2 周期吸引子的区间。

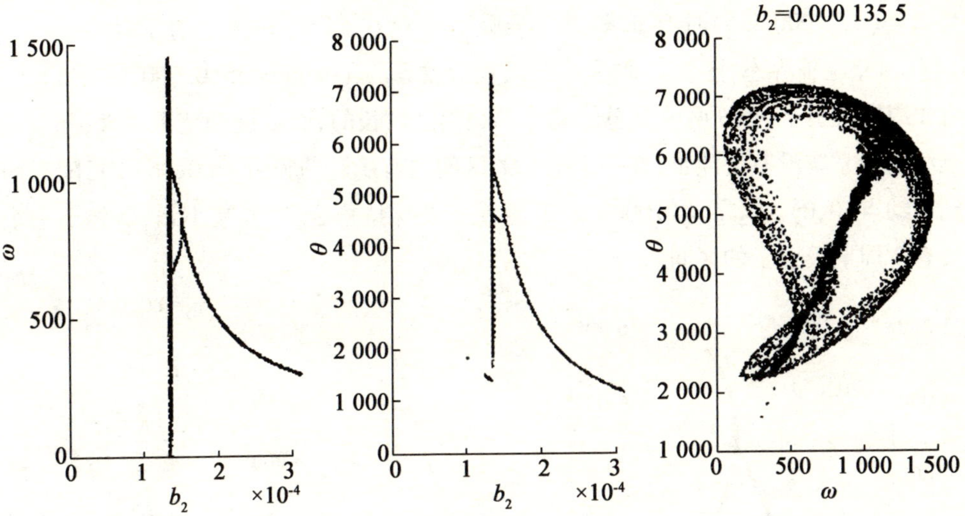

图 7.5　当 b_2 连续变化时系统相图

Figure 7.5　Phase Diagram of the System when b_2 Continuously Changes

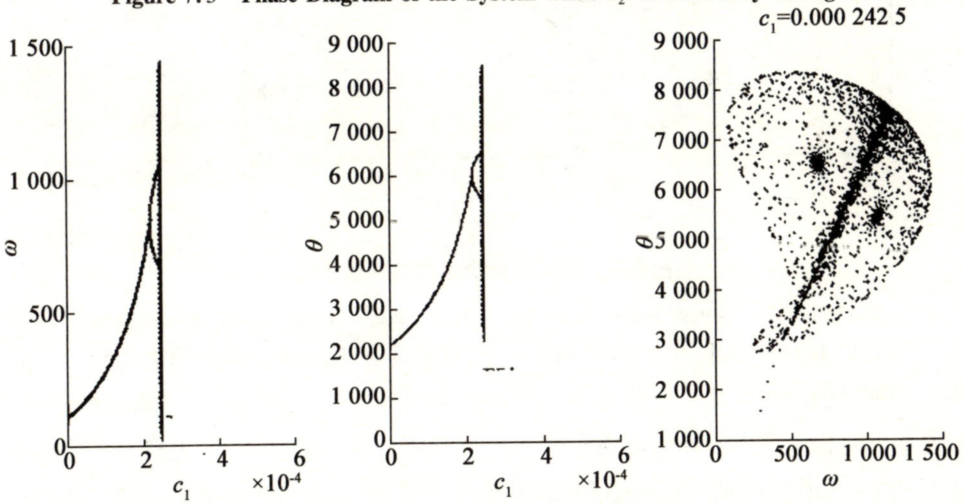

图 7.6　当 c_1 连续变化时系统相图

Figure 7.6　Phase Diagram of the System when c_1 Continuously Changes

6. c_2 可变条件下系统演化分析

观察系统相图 7.7 可知,系统能够长期运行的取值范围是 $c_2 \in (0,0.000\,511\,5)$。当 $c_2 \in (0,0.000\,435)$ 时有非零的 0 维吸引子存在,系统有稳定的不动点。$c_2 = 0.000\,435$ 是临界态,随着 c_2 增大系统出现分岔,$c_2 \in (0.000\,435,0.000\,511\,5)$ 系统有 2 周期吸引子,但 θ 两分支总体趋势都是向上增长的,而 ω 波动范围较大;随着 c_2 继续增大系统没有混沌带,在一个很窄的区间内有稳定的吸引子(0,163 2),随后回到不动点(0,0)。$c_2^{(0)} = 0.000\,607\,1$,系统若要保持稳定,需要减小 c_2,需经历一个具有 2 周期吸引子的区间。

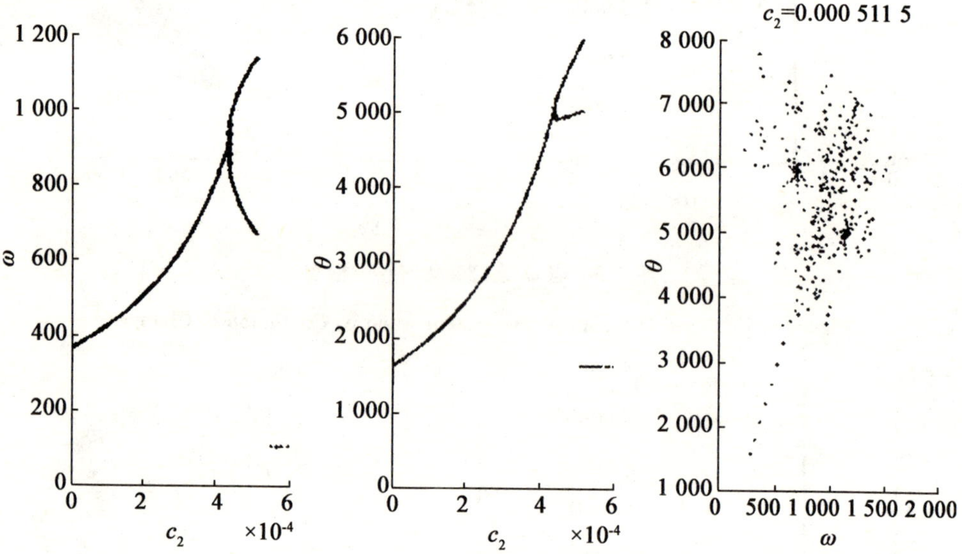

图 7.7 当 c_2 连续变化时的系统相图

Figure 7.7 Phase Diagram of the System when c_2 Continuously Changes

综合以上分析可知,单一参数调节 6 种情形具有的共同特点是都需经历一段具有 2 周期吸引子的区间。系统另外一个特点是:在 a_1,b_2,c_1 变化时,有奇怪吸引子。这是由于考虑了城市会展与城市经济互动关系所产生的新特性,它也揭示了以往学者采用 I-O 模型预测效果不好的根本原因。另外,仅靠单参数调节来实现系统持续增长,理论上唯一的调节方式是减小 b_1,需满足的必要条件是 $b_1 < 0.000\,6$。此时,系统将呈现高速增长而趋向于(∞,∞),系统处于理想工作状态,但这同时也意味着一个重要的制约瓶颈的打破,往往需通过一次重要的结构突变才能完成。

(二)多参数调整下的系统演化分析

多参数调整的情形比单参数调整要复杂得多,这里假设系统有 2 个参数变化,且控制参数 $a_1=a_2=a$,$b_1=b_2=b$,$c_1=c_2=c$,分以下 3 种情况。

1. a_1,a_2 变化,且满足 $a_1=a_2=a$

通过相图 7.8 可以观察到,系统能够长期运行的取值范围是 $a\in(1,1.126)$。当 $a\in(0,1)$时系统不能正常发展,有吸引子(0,0);$a=1$ 时系统出现临界态,出现有序的耗散结构;当 $a\in(1,1.091)$时有非零的 0 维吸引子存在,系统有稳定的不动点;随着 a 继续增大出现分岔,$a\in(1.091,1.126)$系统有 2 周期吸引子;随着 a 继续增大系统进入混沌态,但混沌区间非常窄,仅在 $a=1.126$ 时出现;当 a 继续增大,则 $\omega=0$,系统将不能正常运行。

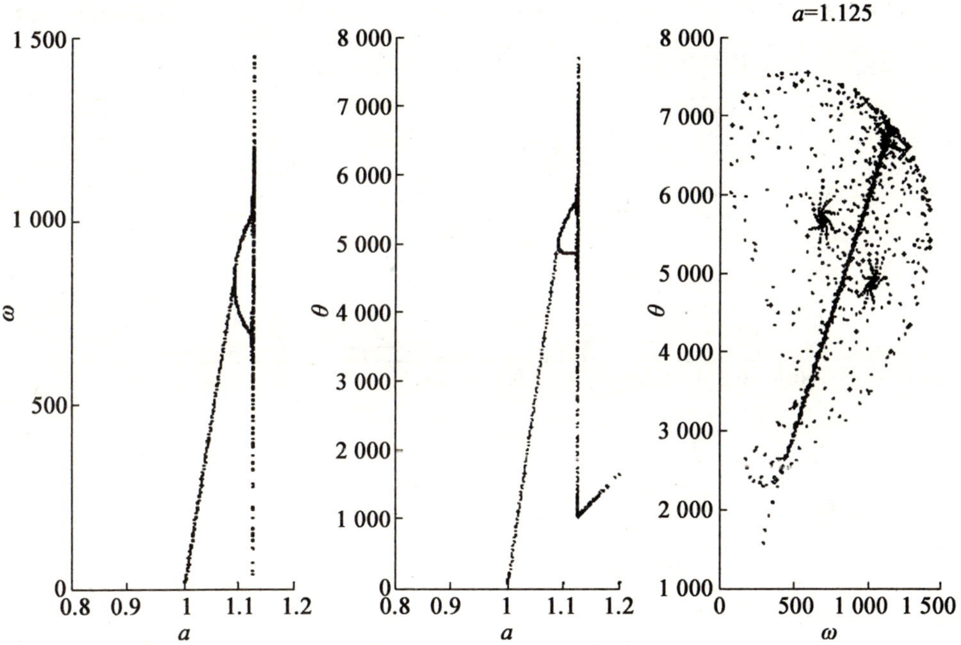

图 7.8　当 $a_1=a_2$ 连续变化时的系统相图

Figure 7.8　Phase Diagram of the System when $a_1=a_2$ Continuously Changes

因此,通过调节 a 来保持系统稳定也需要经过一个很窄的混沌区和 2 周期吸引子区域。但是,这比单参数调节容易实现。在 2 周期吸引子区域,θ 的一条分支趋势是向上增长的,另一条分支是平缓的。θ 波动范围较小,ω 波动范围则较大。

2. b_1,b_2 变化,且满足 $b_1 = b_2 = b$

分析系统相图 7.9 可知,系统能长期运行的取值范围是 $b \in (0.000\ 48, 0.000\ 865)$。随着 b 的减小,当 $b = 0.000\ 865$ 时系统出现临界态,但它是间断的,是通过结构突变完成的;当 $b \in (0.000\ 503, 0.000\ 865)$ 时有非零的 0 维吸引子存在,系统有稳定的不动点;随着 b 继续减小出现分岔,$b \in (0.000\ 486, 0.00\ 503)$ 系统有 2 周期吸引子;当 b 继续减小,系统没有马上进入混沌态,而是先出现了双极限环的中间过渡态。图 7.10 描述 $b = 0.000\ 485$ 和 $b = 0.000\ 48$ 时的系统运行状态图;同时,值得注意的是,在其他参数不变的条件下,仅调节 b 系统运行状态是不理想的,尽管 ω 能实现较高的增长目标,而 θ 却不能,这也表明目前系统控制参数的组合方式不够协调。

3. c_1,c_2 变化,且满足 $c_1 = c_2 = c$

观察系统相图 7.11 可知,系统能够长期运行的取值范围是 $c \in (0, 0.000\ 385)$。图 7.12 描述了 $c = 0.000\ 378$ 和 $c = 0.001\ 527$ 时的系统状态。

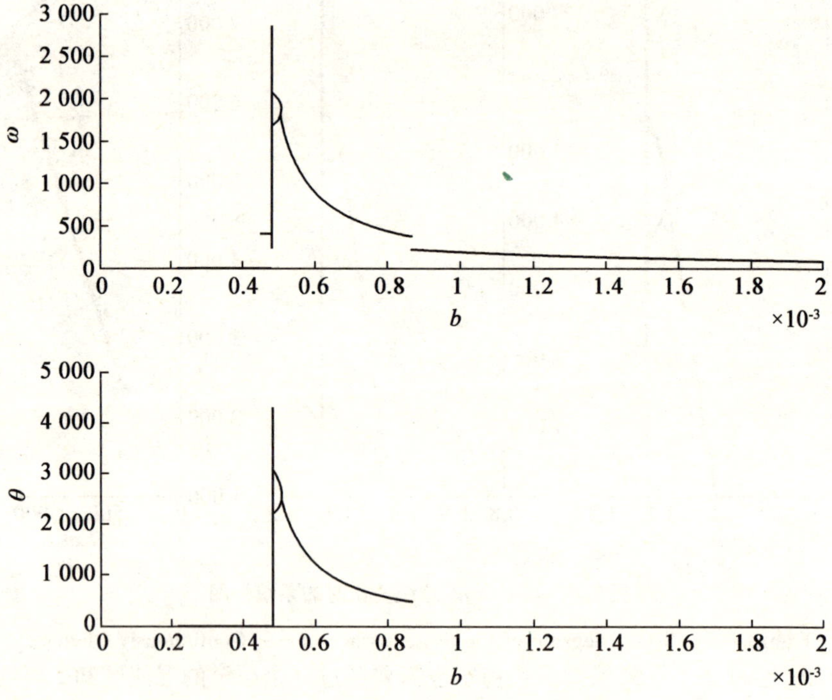

图 7.9　当 $b_1 = b_2$ 连续变化时的系统相图

Figure 7.9　Phase Diagram of the System when $b_1 = b_2$ Continuously Changes

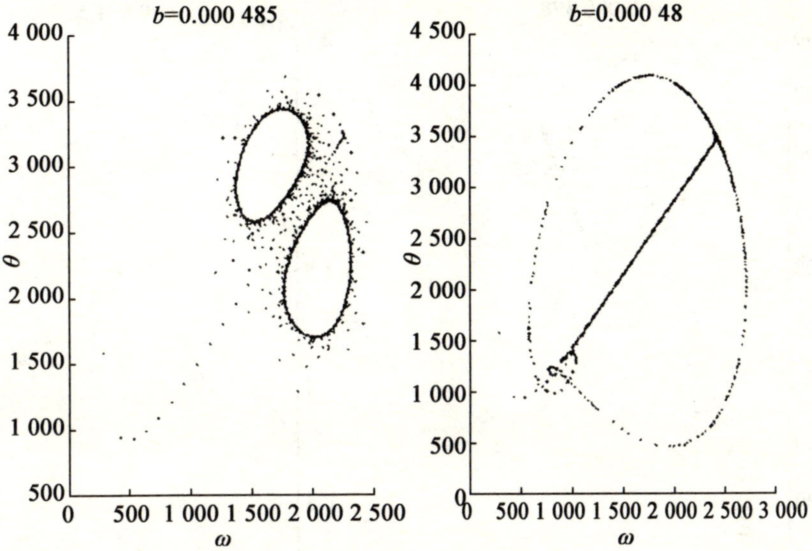

图 7.10　当 $b_1 = b_2$ 可变条件下的系统演化

Figure 7.10　Phase Diagram of the System when $b_1 = b_2$ Continuously Changes

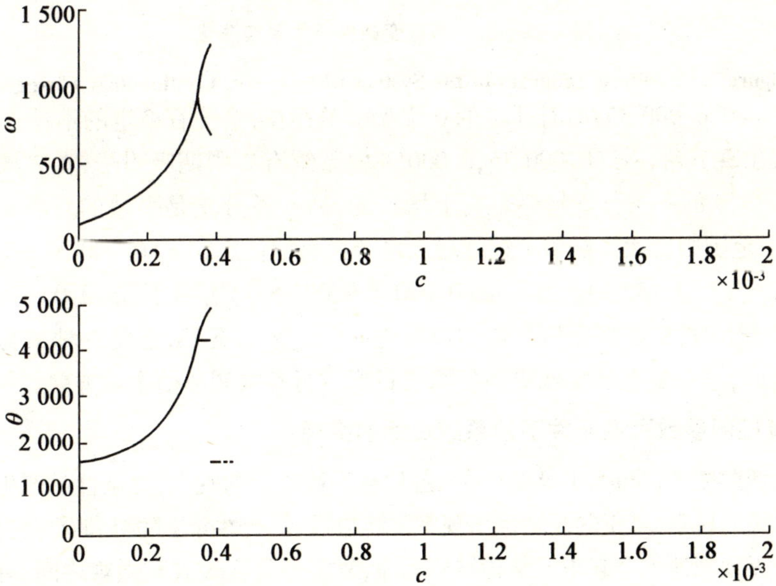

图 7.11　当 $c_1 = c_2$ 连续变化时的系统相图

Figure 7.11　Phase Diagram of the System when $c_1 = c_2$ Continuously Changes

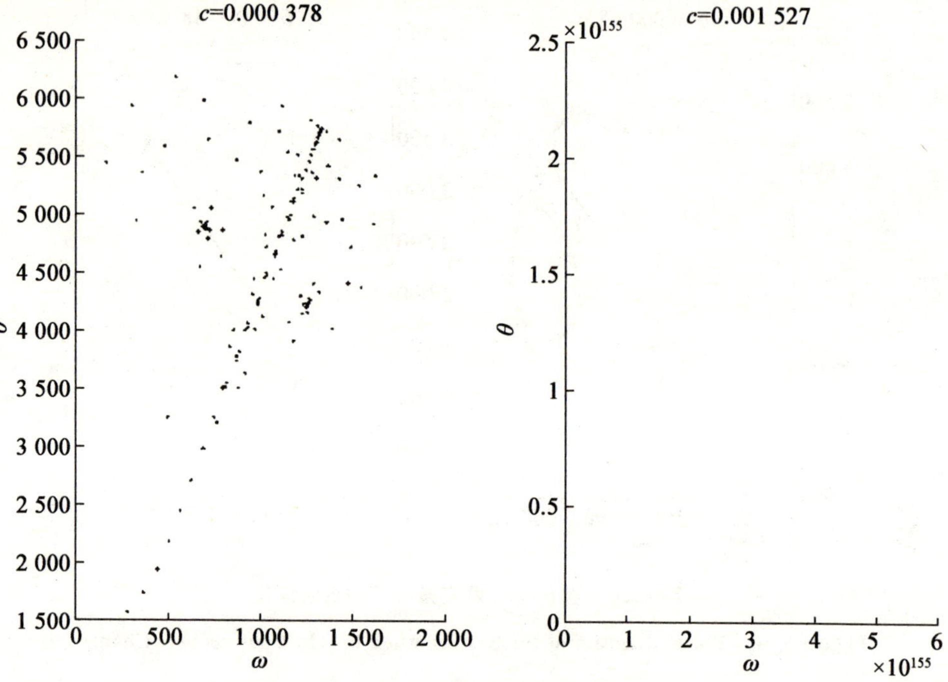

图 7.12 $c_1=c_2$ 可变条件下的系统演化

Figure 7.12 Phase Diagram of the System when $c_1=c_2$ Continuously Changes

当 $c\in(0,0.000\ 35)$ 时有非零的 0 维吸引子存在，系统有稳定的不动点；随着 c 继续增大出现分岔，$c\in(0.000\ 35,0.000\ 385)$ 系统有 2 周期吸引子；在 2 周期吸引子区域很窄，θ 的一条分支趋势是向上增长的，另一条分支是平缓的。即 θ 波动较小，ω 波动范围则较大。随着 c 继续增大系统没有混沌态，$c\in(0.000\ 385,0.000\ 4)$ 时趋向于定态(0,157 5)。在 $c\in(0.000\ 4,0.001\ 527)$ 有吸引子(0,0)。但是，当 $c>0.001\ 527$ 时，系统将保持高速增长而趋向(∞,∞)，显然，这是一种最为理想的状态。因此，它也是系统实现更高的增长目标进行参数调节的主要方向。

(三)控制参数可变条件下的系统目标的实现

根据沃尔德罗(Mitchell Waldrop)、郝柏林和戴汝为的观点:复杂性是诞生于秩序与混沌边缘的科学，真正的复杂性出现在混沌边缘，复杂性介于随机和有序之间，是随机背景上无规则地组合起来的某种结构和序，复杂性是在宏观和微观之间、有序与无序之间、随机与确定之间、指数分布与幂律分布之间突现的特定结构，在动力系统中定性和定量的秩序都在混沌的边缘地带诞生。因此，系统在 a_1,b_2,c_1 变化时出现混沌现象表明系统具有复杂性,甚至可以说,目前系统正处于复杂的结构变化之中。

尽管系统运行具有内在的不确定性,但同时也是最具创新活力的系统进化的关键地带。英国著名系统管理学家斯泰西(Ralph D Stacey)和“现代管理学之父”德鲁克(Peter Ferdinand Drucker)都曾指出:对于组织管理者(决策者)而言,不要预测未来,最好的预测方式是去创造它。

钱学森、戴汝为、于景元为解决复杂开放的巨系统的复杂性问题提出了从定性到定量综合集成方法与从定性到定量综合集成研讨厅体系,其理论的思想内核是通过人机结合、以人为主,实现信息、知识和智慧的从定性到定量的综合集成,从而实现对复杂系统问题的集成大智慧逼近求解。根据这一指导思想,目前的任务就是利用已有信息、知识和智慧创造新的系统结构参数来调节和控制系统行为使之处于理想的运行状态。

系统控制的重要目的之一是如何恰当地选择系统控制参数,来减少不确定性带来的风险,即保证系统稳定,使其运行终态(控制目标)受初值与外部随机冲击的影响尽可能小。根据本章前文的分析,系统存在两种可能的理想工作状态:单参数调节时减小 b_1,使其满足 $b_1 < 0.0006$;双参数调节时增大 c,使其满足 $c > 0.001527$。这两种情况需满足的必要条件也许短期难以达到,但是它为系统运行的管理者提供了重要的信息,为优化系统环境指明了方向。如果要 CEES 实现更高的发展目标,应当把降低城市会展系统内部耗散指数,提高城市会展对城市经济的耦合效应指数和城市经济对城市会展的耦合效应指数为工作重点。

假设系统未来短期目标是要求在相空间 $\omega-\theta$ 中状态(1 500,15 000)处稳定,那么需要选择一组合适的控制参数来实现这一任务。对于多参数调整下的系统演化的情形过于丰富,理论上这样的参数组合有无穷多解,即解集是非连续无穷集,难以通过解析法给出,这里仅尝试给出其中有代表性的一组解为 $a_1 = a_2 = 1.15$,$b_1 = 0.0007$,$b_2 = 0.00008$,$c_1 = 0.00006$,$c_2 = 0.0007$。系统运行状态见图 7.13。

观察相图 7.13 可知,在这样的系统参数条件下,实现了系统稳定增长到(1 500,15 000)的目标。这一过程的含义是:在 a_1,a_2 减小(表示外部环境恶化)的情况下,通过减小 b_1,b_2(表示耗散作用减弱或竞争力增强),减小 c_1(表示 ω 对 θ 交互作用降低),增大 c_2(表示 θ 对 ω 交互作用提升),仍然能够实现比目前更高的城市发展目标。

通过分析相图可以发现,在这样的参数组合下系统处于临界状态,继续增大 c_2,系统将出现分岔,最终进入混沌。需要强调的是,其演化结果不仅与 c_2 有关,还与初值有关。

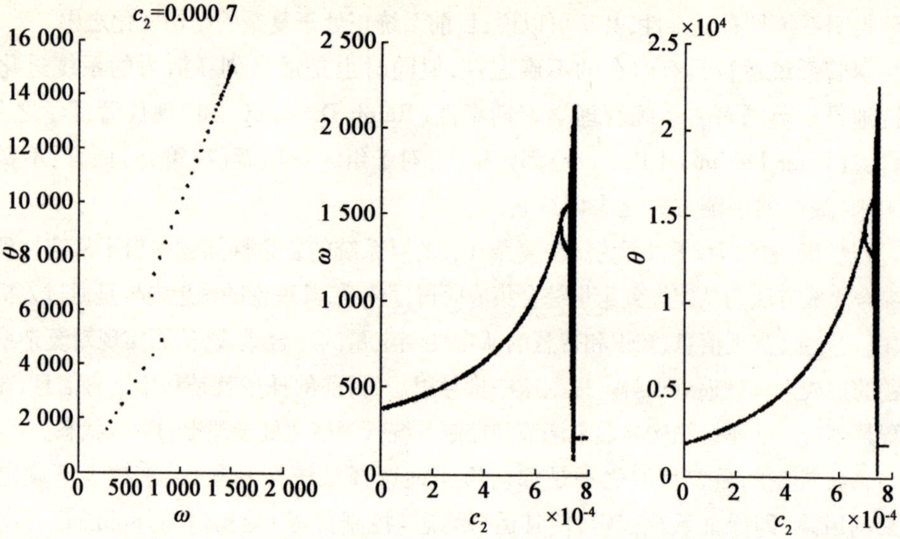

图 7.13 系统运行状态图

Figure 7.13 System Operation State

图 7.14 刻画了在 $t=12$，$n=11$ 时进行参数调整时，系统分量 ω，θ 随时间 t 变化(迭代)的仿真图像；图 7.15 给出 $\omega-\theta-t$ 三维投影示意图，揭示系统由稳定走向分岔的过程。

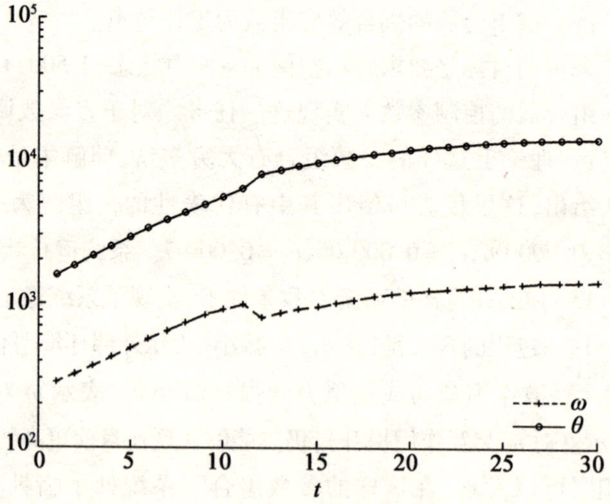

图 7.14 系统时间序列曲线

Figure 7.14 System Time Series Curve

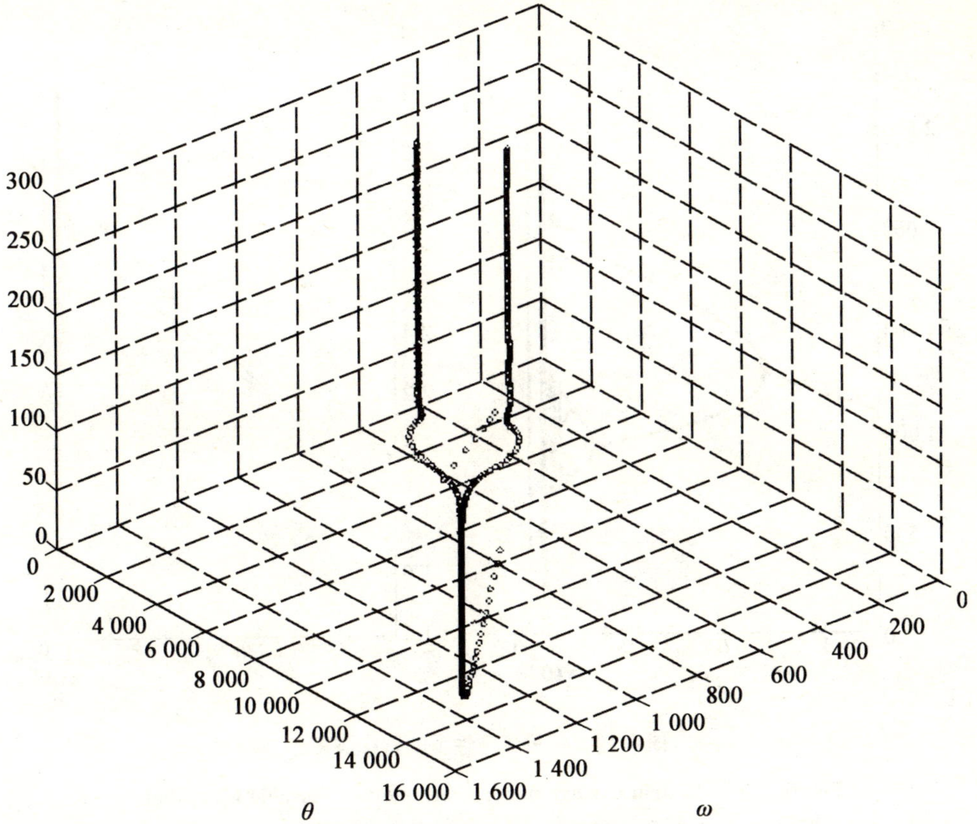

图 7.15　$\omega-\theta-t$ 三维投影示意图

Figure 7.15　Three-Dimension Projection Drawing of ω – θ – t

假如系统有更高的远期目标：$\omega\to 1\ 200$，$\theta\to 20\ 000$。即系统未来目标要求在相空间 $\omega-\theta$ 终态(1 200,20 000)稳定，这能否实现呢？答案也是肯定的。其中较好的组合参数是 $a_1=a_2=1.15$，$b_1=0.001\ 5$，$b_2=0.000\ 01$，$c_1=0.000\ 082\ 5$，$c_2=0.000\ 041\ 7$。c_2 可变条件下的系统相图见图 7.16。

观察相图 7.16 可知，随 c_2 增大系统通过倍周期分岔走向混沌。在这一过程中，ω 的变化范围很大，而 θ 的变化范围很小，只要在进入混沌区之前，即使在倍周期分岔区，θ 都与 c_2 呈近似线性增长。在相当大的状态空间内，无论 ω 的变化多大，θ 都几乎不受其影响。这样的系统结构显然更令人满意。

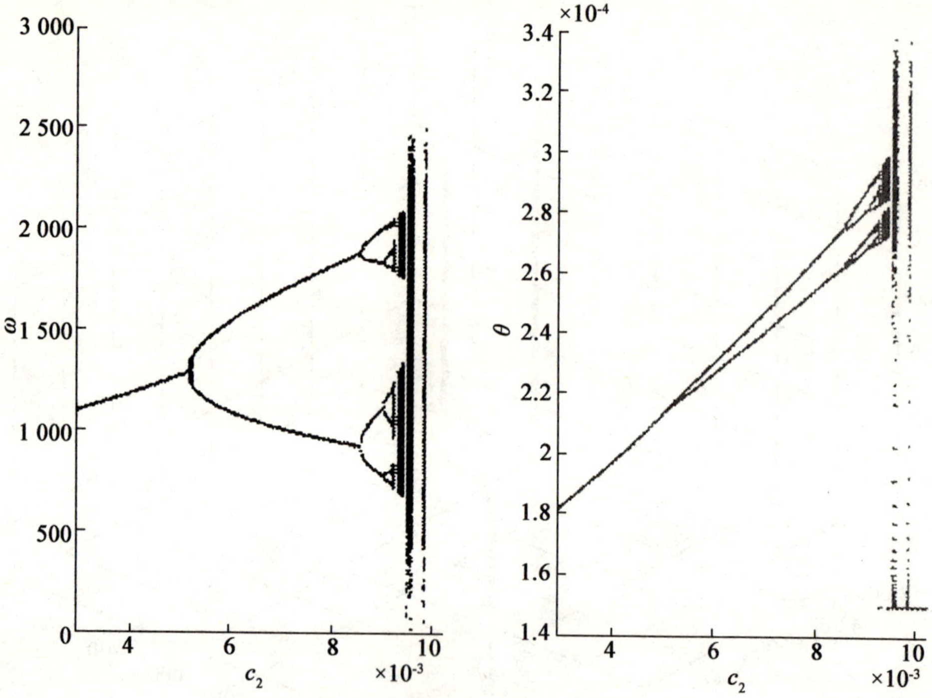

图 7.16 c_2 可变条件下的系统演化

Figure 7.16 System Change under Continuously Variable Conditions

但是,在混沌区(当 0.000 09 < c_2 < 0.000 1 时)系统控制参数与初值的微小变化都可能产生完全不同的长期演化结果,即出现"蝴蝶效应",这一点必须加以关注。已知实际系统初值为 $\omega(1)=280$, $\theta(1)=1\ 580$,当 $c_2=0.000\ 092$ 时,系统有 16 周期吸引子;当 $c_2=0.000\ 093$ 时,系统处于透明窗口区域,有 1 个稳定不动点(0,15 000);当 $c_2=0.000\ 094$ 时系统有 24 周期吸引子;当 $c_2=0.000\ 095$ 时,系统再次落入透明窗口区域,系统有 1 个稳定不动点(0,15 000);当 $c_2=0.000\ 096$ 时,系统有混沌吸引子,混沌区域几乎布满 $25\ 000<\theta<35\ 000$ 的整个状态空间,系统整体稳定,局部不稳定,表现出伪随机性。图 7.17 揭示在不同参数取值的系统状态,反映系统难以把握的内在的不确定性。图 7.18 描述 $c_2=0.000\ 096$ 时系统分量 ω,θ 随时间 t 变化(迭代)的图像,揭示整体稳定,局部不稳定。图 7.19 给出 $\omega-\theta-t$ 三维投影示意图。

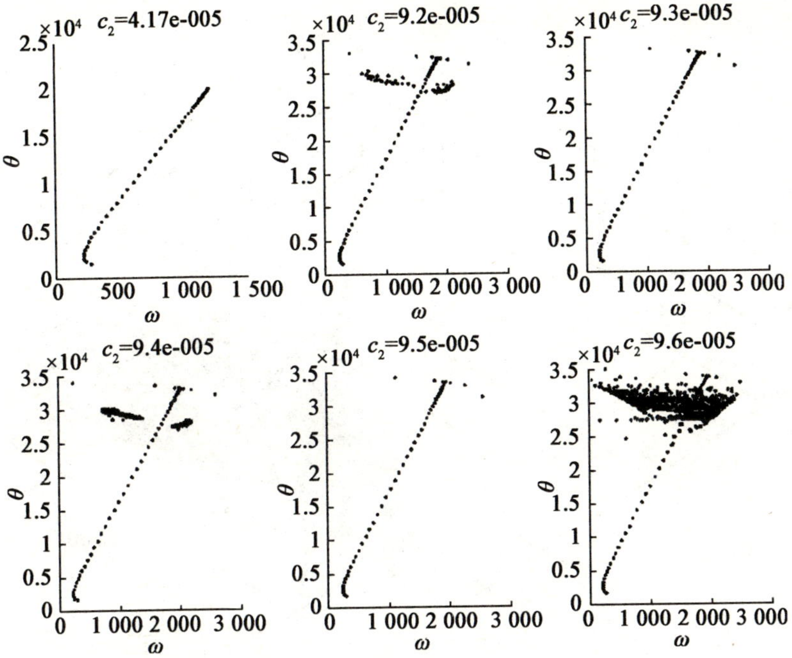

图 7.17 c_2 在不同参数取值的系统状态

Figure 7.17 **System State when c_2 Different Numerical Value**

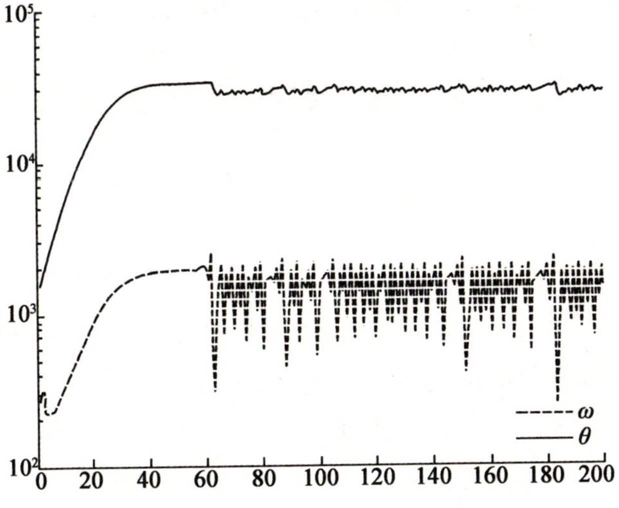

图 7.18 $c_2 = 0.000\ 096$ 时间序列图像

Figure 7.18 **System Time Series when c_2** $= 0.000\ 096$

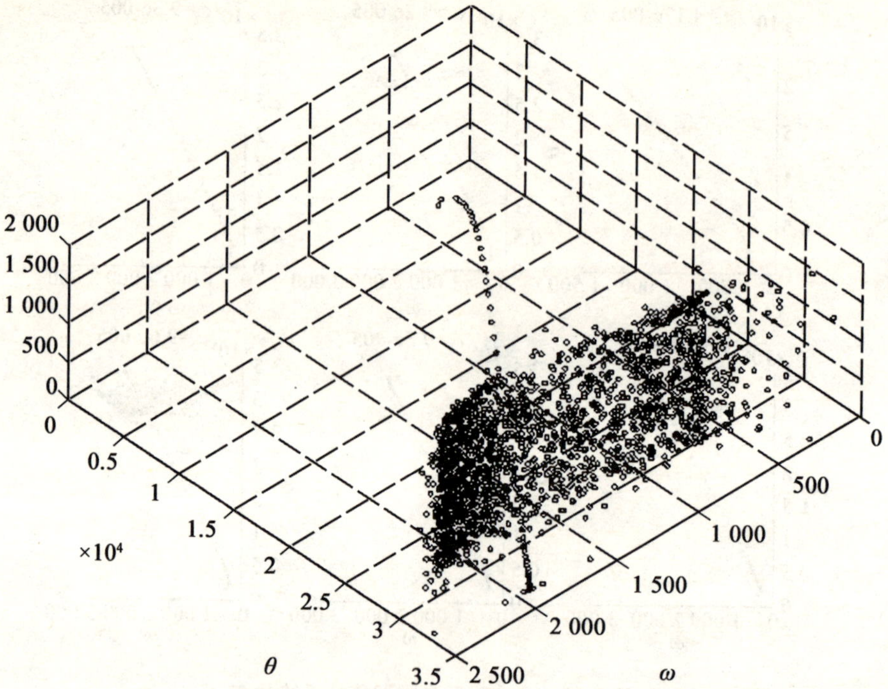

图 7.19　$\omega-\theta-t$ 三维投影示意图

Figure 7.19　Three-Dimension Projection Drawing of ω – θ – t

第四节　理论分析与科学启示

一、理论分析

(1)从经济增长理论来看,在稳定增长区间内,CEES 具有 1 个稳定的非零吸引子,表明系统存在惟一稳定的均衡,可以实现帕累托(Vilfredo Pareto)最优,是符合一般均衡理论框架假设的;在周期震荡区间,系统有周期吸引子,表明存在多重纳什(John Forbes Nash Jr)均衡,系统将不存在稳定的均衡,一般均衡的理论框架将失效;在混沌复杂区间,则表现长周期的伪随机现象,经济发展阶段论将是提供理论解释的最佳途径,它预示需要通过科技进步和创新来完成一次突变,实现系统向持续稳定增长的轨道回归。CEES 仿真结果的发展阶段与以往学者提出的理论表现出惊人的相似性,但又似乎略有不同。以熊彼特(Schumpeter Joseph Alois)提出的经济周期理论为例,它所谓的复苏、繁荣、衰退、萧条4个阶段,在CEES一般分析框架下对应的是随机无序、稳定有序、周期震荡、混沌复杂4个阶段。从冯·杜因(Johann Heinrich von Thünen)的创新生命周期观点来看,差别主要体现在采用、增长、成熟、下降4阶段中的下降阶段。问题在于下降必然发生吗?还是由于混沌的出现进入了复杂阶段?仿真分析的结果是更支持复杂的。混沌边缘的复杂地带是技术创新最具活力的摇篮,从这一点来看,熊彼特、冯·杜因等人将创新作为经济周期的动力源泉是相当富有远见的。

(2)互动关系使CEES的运行状态表现出了丰富的复杂性特征。通过CEES一般分析框架的理论分析发现了一个重要现象:对于一个具有非线性作用机制且已知系统运行规律的CEES,即使在只有2个状态变量的情况下,也难以对系统整体特性作出准确的推断。系统既可能保持长期稳定增长,又可能出现有规律的周期震荡,甚至呈现貌似随机的混沌现象,系统运行状态完全取决于它的环境控制参数和初值。CEES一般分析框架具有包容性,能够更容易地解释现实世界中的复杂现象,只要适当施加一些特殊的外部约束,就可以很方便地将它简化为Logistic映射,甚至更简单的线性增长模型。同时,当环境参数在一定范围内可以进行调节时,CEES的管理者可以较好地按照城市发展目标对系统状态进行控制和预测。

二、科学启示

(1)CEES的复杂性产生根源是城市经济与城市会展的互动关系,即两者的交互项 $\omega_n\theta_n$,如果将其当做一种"新经济部门"看待,那么它工作效率的高低将通过系数 c_1 和 c_2 得以体现。仿真分析结果表明,广州CEES的 c_1 指标偏高,c_2 指标明显偏低。即会展需求对城市经济的耦合程度很高,而城市经济对会展需求的耦合程度较低,含义是"新经济部门"对城市经济的依赖程度很高,它对会展需求依赖程度明显偏低,存在很大的发展空间。c_2 指标提升需要通过提高服务质量、开发服务项目、加强信息沟通等途径实现。另外,通过简单分析可以发现,提升外部环境动力指数能够促进短期产出水平提高,但长期效果并不理想,这种调节方式需要满足严格的必要条件,具有一定难度和风险,这对城市会展管理者的能力和智慧来说是一种挑战。对于内部耗散效应指数也存在同样问题,但条件宽松很多,采用提高城市会展竞争力和资源利用效率等手段是普遍有效的。因此,节能减排政策在相当大的范围内都适用,但扩张性财政政策则需要多参数配合,才能收到预期效果。这提醒城市会展经济管理者和参与者不能盲目扩大会展场馆建设,而不注意城市整体服务水平的提高。

(2)通过仿真分析实现了对会展需求外生性的检验,揭示了城市服务业与会展需求之间非线性互动关系引起的复杂性是 CEES 长期难以预测的根本原因。实证研究发现目前广州 CEES 的参数配合不够协调,容易受到系统外部的干扰进入周期性震荡的运行轨道。从相图分析上看,系统主要参数的失调来自于 c_1 和 c_2,b_1 和 b_2。其中 c_1 较高,而 c_2 较低,b_1 和 b_2 都较高。根据第六章的分析,对 CEES 系统具有显著影响的是制度政策,它会长期影响系统状态;会期(体现技术进步作用)调节截距,影响最大接待能力。因而加强制度政策建设和推动技术进步是长期有效的重要调节方向。值得注意的是,仿真分析显示 CEES 存在巨大的发展潜力和提升空间,但通过会展场馆建设带动 CEES 增长只有短期作用,长期将面临较大风险。城市会展经济的健康稳定发展必须以提升 c_2、降低 c_1,b_1 和 b_2 为重点,采取提升城市竞争力、鼓励技术创新和提高资源利用效率等途径,才能保证 CEES 重新进入稳定增长的轨道。

(3)CEES 持续健康发展需要满足严格的必要条件,城市会展经济发展模式需要依据自身条件在可控制的范围内进行谨慎地选择,CEES 客观评价参数至少需要 6 个,其中 c_1,c_2 尤其重要,它们决定城市会展与城市经济能否保持良性互动关系。CEES 一般分析框架更深入地揭示了我国多数城市会展长期低效运行的根本原因。互动关系的复杂性能科学地解释少数例外情况的发生。在我国有少数城市规模不大、综合实力不强、竞争优势也不显著,然而会展经济却保持良好发展趋势,其关键在于系统运行参数进行了合理配置,实现了城市资源的有效整合。通过理论分析发现,若参数组合不当即使在综合实力很强的经济发达城市,系统也不稳定。从广州近期数据的仿真结果来看,在 $n>25$ 时系统将会面临一次结构突变,如果将

$n=25$视为一个上升周期的结束,那么是否意味着系统将陷入持续的衰退呢?霍金(Stephen William Hawking)对此曾发出善意的提醒,认为人类的自私和贪婪会导致灭顶之灾。但人类社会长期发展的历史进程表明,衰退总是极其短暂的,富有远见的社会和自然科学家开始密切关注这一问题,人类正在朝着可持续发展的方向转变。结合前文第二章第五节复杂系统特性分析,CEES 自身具有一定预测能力。观察系统相图可知,在自组织条件下,系统能自发地通过参数调整阻止衰退的进一步恶化,较为保守的选择是:穿越混沌地带进入周期震荡区间或者直接回到稳定增长区间;更激进一些的观点是:系统可以直接保持在混沌边缘,等待新产业部门形成引起的新一轮创新周期出现。很显然,CEES 一般分析框架较为方便地分析了城市会展经济增长与城市会展经济周期的产生,实现了经济增长理论与周期理论的统一和融合。

本章小结

基于 Logistic 映射推导、论证、演绎了城市会展经济系统的一般分析框架,确定了系统动力学方程基本结构,提出了决定系统运行状态的 6 个重要评价指标;对系统结构稳定性条件进行了理论分析,将控制参量取值范围分为两大类,共 12 种情况进行深入分析,论证、推导、归纳了识别系统运行模式的方法。通过系统仿真方法进行实证分析,对系统未来的演化过程和结构变化作出了推断,揭示了为实现系统稳定发展的目标而应采取的正确方法和途径。

结　论

城市会展与城市经济发展的关系问题是我国政府和理论界共同关注与研究的一个热点和难点问题。本书在借鉴已有城市会展经济研究和紧密相关领域理论研究成果基础上，探索了城市会展与城市经济发展的互动关系，为继续深入研究城市会展与城市经济发展的关系奠定了理论基础。本书的研究成果和创新点如下：

(1)以系统科学、系统工程研究的方法论为指导，尝试从复杂系统理论这一全新视角构建了较为系统的城市会展经济研究的理论框架和平台。界定了城市会展经济系统的内涵。在归纳总结了城市会展经济特点的基础上，对城市会展经济系统的概念范围作出了界定，提出了影响城市会展经济系统运行的外部因素由资源、制度、市场3个要素构成，内部因素由空间、时间、技术3个要素构成。建立了城市会展经济发展的资源、政策、市场、空间、时间和技术的6要素模型。

(2)构建了城市会展与城市经济增长关系的中期均衡方程和短期波动方程。利用动态计量经济学原理在向量误差纠正模型的框架下，以广交会为例对城市会展与城市经济的相互作用机理进行实证研究，从动态角度揭示了会展需求、成交额、服务业产出、工业产出之间的2个协整关系，得到了变量间的数量关系；确定了会展需求是系统的关键变量且具有一定的外生性；发现了系统的涌现性特征，揭示了城市会展与城市经济之间非线性互动关系的存在。

(3)在耗散结构理论指导下放松了多变量协整检验的趋势假设，以Logistic映射方程为趋势假设，对广州城市会展经济系统进行了实证研究，揭示了会展需求、农业产出、服务业产出长期服从Logistic增长曲线趋势，会展需求存在一次耗散结构分岔。在深入分析城市会展的主要发展模式基础上，对现有发展模式进行了补充和完善。

(4)构建了会展需求的带有结构突变的自回归模型。利用带有结构突变的内生性单位根检验方法对会展需求进行结构突变检验,揭示了改革开放政策的实施是会展需求从随机无序增长进入稳定有序的耗散结构分支的根本原因,在国家统制型封闭式保护贸易政策下,政府主导的空间型发展模式是随机趋势不平稳过程,在向市场型开放式自由贸易政策转变过程中,市场主导的效率型发展模式是带有结构突变的间断趋势平稳过程。

(5)构建了城市会展经济系统的仿真模型,提出了决定系统运行状态的 6 个重要评价指标。尝试从动态复杂系统的角度对城市会展与城市经济增长之间的互动关系进行了仿真研究。演绎了城市会展经济系统动力学方程的基本结构形式,揭示了城市会展经济系统的演化过程。对城市会展经济系统的结构稳定性条件进行了理论分析,论证、推导、归纳了系统保持稳定增长需要满足的约束条件和识别系统运行模式的方法,发现了城市会展经济系统的复杂性。从仿真结果来看,广州市会展经济系统目前控制参数配合不够协调,需要进一步优化,并对城市会展经济系统的薄弱环节提出了改善的政策建议。

城市会展与城市经济互动关系研究是一个全新的研究领域,还未形成完整而有效的理论框架,可资借鉴的有价值理论研究成果极少。另外,由于统计数据匮乏,口径不一,客观上增加了研究的难度。本书的完成,从总体上丰富和完善了会展经济研究的理论体系,在一定程度上推进了城市会展与城市经济关系的研究,这些研究成果仍有待理论和实践的严格检验,并在实践中不断发展与完善。

本研究只是对城市会展与城市经济互动关系研究进行的初步探索和尝试,理论体系尚需进一步完善,很多问题还有待于进一步研究和探讨,包括:城市会展经济系统的资源如何有效地整合;城市会展经济系统模型实效性的验证;城市会展经济系统环境参数如何评价等。

附　　录

附表1　本书原始数据

年份	国内生产总值			广州地区单位/万元			广交会成交金额单位/百万美元			广交会采购商人数		
	当年价格计算单位/亿元	不变价格计算指数	平减指数	第一产业	第二产业	第三产业	春季	秋季	全年	春季	秋季	全年
1978	3 645.217	111.669 9	100	50 287	252 479	128 181	1 883	2 449	4 332	17 547	21 081	38 628
1979	4 062.579	107.572 9	103.603 8	51 561	269 724	166 230	2 432	2 708	5 140	25 332	24 436	49 768
1980	4 545.624	107.841 4	103.754 3	62 438	313 734	199 325	1 898	2 511	4 409	20 560	21 959	42 519
1981	4 891.561	105.243 1	102.249 3	64 519	362 476	207 080	2 063	2 735	4 798	23 172	24 388	47 560
1982	5 323.351	109.056 9	99.789 44	88 231	405 410	227 892	504	2 277	2 781	9 834	22 340	32 174
1983	5 962.652	110.853	101.043 2	87 162	456 633	252 951	2 218	2 268	4 486	21 785	23 882	45 667
1984	7 208.052	115.176	104.958 2	99 511	512 713	365 126	2 404	2 778	5 182	23 690	25 838	49 528
1985	9 016.037	113.466 2	110.238	120 449	658 130	465 044	2 573	3 103	5 676	24 588	26 911	51 499
1986	10 275.18	108.846 4	104.703 2	132 079	701 074	562 313	3 242	4 088	7 330	26 730	31 617	58 347
1987	12 058.62	111.583 3	105.174 1	156 794	794 127	781 129	4 059	4 480	8 539	27 168	32 139	59 307
1988	15 042.82	111.280 6	112.101 8	227 772	1 141 606	1 031 440	4 648	4 944	9 592	35 464	41 318	76 782
1989	16 992.32	104.063 2	108.549 1	243 187	1 296 309	1 339 237	4 820	5 571	10 391	38 470	37 101	75 571
1990	18 667.82	103.839	105.798 7	257 288	1 362 975	1 575 689	5 655	5 695	11 350	40 436	42 236	82 672
1991	21 781.5	109.178 9	106.869 9	281 734	1 799 166	1 785 841	5 743	7 106	12 849	44 276	45 750	90 026
1992	26 923.48	114.240 7	108.198 8	356 399	2 413 129	2 337 499	6 899	7 573	14 472	48 677	51 411	100 088
1993	35 333.92	113.964 3	115.157 4	475 960	3 512 607	3 454 888	7 115	8 480	15 595	38 316	46 952	85 268
1994	48 197.86	113.080 7	120.627 8	606 222	4 556 278	4 690 582	10 152	11 085	21 237	49 882	51 219	101 101
1995	60 793.73	110.925	113.710 8	734 606	5 780 268	6 077 100	10 791	8 621	19 412	52 350	52 604	104 954
1996	71 176.59	110.008 5	106.427 1	811 630	6 719 717	7 149 296	8 795	9 878	18 673	50 851	59 050	109 901
1997	78 973.03	109.297	101.515 7	857 155	7 612 156	8 311 845	9 817	10 533	20 350	60 326	62 309	122 635
1998	84 402.28	107.833 3	99.111 09	888 763	8 201 281	9 845 133	10 215	11 000	21 215	64 868	70 019	134 887
1999	89 677.05	107.619 8	98.726 75	928 522	9 310 691	11 152 545	11 551	12 728	24 279	79 526	91 213	170 739
2000	99 214.55	108.431 3	102.032 7	943 718	10 216 241	13 767 475	13 652	14 950	28 602	98 005	105 031	203 036
2001	109 655.2	108.300 3	102.052 6	972 806	11 122 943	16 320 762	15 774	13 367	29 141	111 886	101 382	213 268
2002	120 332.7	109.082 1	100.600 7	1 030 721	12 113 416	18 895 479	16 850	18 470	35 320	120 576	135 482	256 058

续附表 1

年份	国内生产总值			广州地区单位/万元			广交会成交金额单位/百万美元			广交会采购商人数		
	当年价格计算单位/亿元	不变价格计算指数	平减指数	第一产业	第二产业	第三产业	春季	秋季	全年	春季	秋季	全年
2003	135 822.8	110.025 4	102.587 9	1 099 080	14 859 261	21 627 825	4 420	20 490	24 910	23 128	150 485	173 613
2004	159 878.3	110.085	106.927 3	1 171 452	17 880 638	25 453 413	24 510	27 200	51 710	159 717	167 926	327 643
2005	183 217.4	110.432 8	103.771 8	1 302 159	20 452 183	29 787 941	29 230	29 430	58 660	195 464	177 000	372 464
2006	211 923.5	111.6	103.645	1 285 029	24 300 180	35 153 068	32 220	34 060	66 280	190 011	192 691	382 702

数据来源:《中国统计年鉴 2009》。

《产业统计年鉴 2009》。

《2006～2007 年度会展经济发展研究》。

参考文献

[1] 俞华,朱立文. 会展学原理[M]. 北京:机械工业出版社,2005.

[2] 万季飞. 纵论中国展会产业[J]. 中国林业产业,2008(1):30-35.

[3] 过聚荣,朱士昌,周朝民,等. 2006~2007年:中国会展经济发展报告[M]. 北京:社会科学文献出版社,2007.

[4] 王方华,过聚荣. 会展导论[M]. 上海:上海交通大学出版社,2006.

[5] 王方华,过聚荣. 中国会展经济发展报告(2009)[M]. 北京:社会科学文献出版社,2009.

[6] 姚望,张雅璐. 金融危机给会展业带来发展机遇[J]. 商业研究,2009(9):126-127.

[7] 沈丹阳,陈泽炎. 中国会展经济理论观点述评[J]. 商业研究,2009(9):111-115.

[8] FENICH G G. Convention center operations: Some questions answered[J]. International Journal of Hospitality Management, 1995, 14(3):311-324.

[9] FENICH G G. Conventions, centers, and meeting: Analysis of the past decade[J]. Visions in Leisure and Business, 1998, 16(4):4-13.

[10] MCCABE V S. Strategies for career planning and development in the convention and exhibition industry in Australia[J]. International Journal of Hospitality Management, 2008, 27(2):222-231.

[11] 罗薇. 会展经济与城市经济的互动效应[J]. 大经贸,2008(2):80-81.

[12] 曾华. 会展场馆管理[M]. 北京:机械工业出版社,2008.

[13] 储祥银. 会展与城市经济间关系研究:以北京为例[J]. 商业研究,

2009(9):123-125.

[14] FALK E T, PIZAM A. The history of meeting market[J]. International Journal Hospitality Management, 1991, 10(2):111-118.

[15] 曾武佳. 现代会展与区域经济发展[D]. 成都:四川大学,2006.

[16] 李旭,马耀峰. 国外会展旅游研究综述[J]. 旅游学刊,2008(3):85-89.

[17] BRAUN B M. The economic contribution of conventions:The case of Orlando, Florida [J]. Journal of Travel Research, 1992, 30(3):32-37.

[18] 刘民坤. 会展活动对主办城市的社会影响研究[D]. 广州:暨南大学,2009.

[19] HILLER H H. Conventions as mega – events: A new model for convention-host city relationships[J]. Tourism Management, 1995, 16(5):375-379.

[20][164] JOHNSON L, FOO L M, O'HALLORAN M. Meetings make their mark: Characteristics and economic contribution of Australia's meetings and exhibitions sector[J]. Occasional Paper1 BTR, 2000:203-201.

[21] KIM S S, CHON K, CHUNG K Y. Convention industry in South Korea: An economic impact analysis[J]. Tourism Management,2003,24(5):533-541.

[22] DWYER L, FORSYTH P, SPURR R. Estimating the impacts of special events on an economy[J]. Journal of Travel Research, 2005, 43(2):351-359.

[23] DWYER L, FORSYTH P, SPURR R. Assessing the economic impacts of events:A computable general equilibrium approach[J]. Journal of Travel Research, 2006, 45(3):59-66.

[24] TYRELL B, ADAIR D. The growing recognition of sport tourism[J]. Current Issues in Tourism, 2002, 5(1):1-6.

[25] CROMPTON J, LEE S K, SHUSTER T. A guide for undertaking economic impact studies: The Sping Fest example [J]. Journal of Travel Research, 2001, 40(1): 79-87.

[26] GELAN A. Local economic impacts: The British Open[J]. Annals of Tourism Research, 2003, 30(2):406-425.

[27] KAISIMATI E. Economic aspects and the Summer Olympics: A review of related Research [J]. The International Journal of Tourism Research, 2003, 5(6):433-444.

[28] LEE C K, TAYLOR T. Critical reflections on the economic impact assessment of a mega-events: The case of 2002 Fifa World Cup [J]. Tourism Management, 2005, 26:595-603.

[29] ALKJAER E. Images and realities in congress tourism[J]. Journal of Travel Research, 1976, 14(4):14-15.

[30] FORTIN P A, RITCHIE J R B. An empirical study of association decision process in convention site selection[J]. Journal of Travel Research,1977,15(4):13-20.

[31] MCCLEARY K W. The corporate meetings market: Components of success in attracting corporate group business[J]. Cornell Hotel and Restaurant Administration Quarterly, 1978, 19(8):30-35.

[32] PIZAM A, MANNING P B. The impact of inflation on convention site selection [J]. International Journal of Hospitality Management, 1982, 1:65-66.

[33] VAR T, CESARIO F, MAUSER G. Convention tourism modelling[J]. Tourism Management, 1985, 6:194-204.

[34] RENAGHAN L M, KAY M Z. What meeting planners want: The conjoint-analysis approach[J]. Cornell Hotel and Restaurant Administration Quarterly, 1987, 28(5):67-76.

[35] BONN M A, BOYD J N. A multivariate analysis of corporate meeting planner perceptions of Caribbean destinations[J]. Journal of Travel and Tourism Marketing, 1992, 1(3):1-23.

[36] BONN M A, OHLIN J B, BRAND R R. Quality service issues: A multivariate analysis of association meeting planner perceptions of Caribbean destinations[J]. Hospitality Research Journal, 1994, 18(1):29-48.

[37] BONN M A, BRAND R R, OHLIN J B. Site selection for professional meetings:

A comparison of heavy-half Vs. light-half association and corporation meeting planners[J]. Journal of Travel and Tourism Marketing, 1994, 3(2):59-84.

[38] HU C, HIEMSTRA S J. Hybrid conjoint analysis as a research technique to measure meeting planners' preferences in hotel selection[J]. Journal of Travel Research, 1996, 35(2):62-69.

[39] CLACK J D, PRICE C H, MURRMANN S K. Buying centers: Who chooses convention sites? [J]. Cornell Hotel and Restaurant Administration Quarterly, 1996, 37(8):72-76.

[40] CLACK J D, EVANS M R, KNUTSON B J. Selecting a site for an association convention: An exploratory look at the types of power used by committee members to influence decisions[J]. Journal of Hospitality and Leisure Marketing, 1997, 5(1):81-93.

[41] OPPERMANN M. Convention destination images: Analysis of association meeting planner's perception[J]. Tourism Management, 1996, 17(3):175-182.

[42] OPPERMANN M, CHON K S. Convention participation decision: Making process[J]. Annals of Tourism Research, 1997, 24(1):178-191.

[43] OPPERMANN M. Perceptions of convention destinations: Large-half versus small-half association meeting planners[J]. Journal of Convention and Exhibition Management, 1998, 1(1):35-48.

[44] GO F, ZHANG W. Applying importance – performance analysis to Beijing as an international meeting destination[J]. Journal of Travel Research, 1997, 35(4):42-49.

[45] CROUCH G I, RITCHIE J R B. Convention site selection research: A review, conceptual model and propositional framework[J]. Journal of Convention and Exhibition Management, 1998, 1(1):49-69.

[46] JUN J, MCCLEARY K W. Classifying US association meeting planners based on international destination selection criteria: A case study of South Korea[J]. International Journal of Hospitality Management, 1999, 18(2):183-199.

[47] UPCHURCH R S, JEONG G H, CLEMENTS C, et al. Meeting planners' perceptions of site selection characteristics: The case of Seoul, Korea[J]. Journal of Convention and Exhibition Management, 1999, 2(1):15-35.

[48] CROUCH G I, LOUVIERE J. The determinants of convention site selection: A logistic choice model from experimental data[J]. Journal of Travel Research, 2004, 43(2):118-130.

[49] ZHANG H Q, LEUNG V, QU H. A refined model of factors affecting convention participation decision making[J]. Tourism Management, 2007, 28(4):1123-1127.

[50] SSVERT D, WANG Y C, CHEN P J, et al. Examing the motivation, perceived performance, and behavioral intentions of convention attendees: Evidence from a regional conference[J]. Tourism Management, 2007, 28(2):399-408.

[51] LEASK A. Progress in visitor attraction research: Towards more effective management[J]. Tourism Management, 2010, 31(2):155-166.

[52] SIMS S L. Educational needs and opportunities for personnel in convention and visitor bureaus[J]. Visions in Leisure and Business, 1990, 9(3):27-32.

[53] FESENMAIER D R, PENA C, O'LEARY J. Assessing information needs of visitor bureaus[J]. Annals of Tourism Research, 1992, 19(3):571-574.

[54] O'HALLRAN R M. Tourism management profiles: Implications for tourism education[J]. FIU Hospitality Review, 1992, 10(1):83-91.

[55] GETZ D, ANDERSON D, SHEEHAN L. Roles, issues, and strategies for convention and visitors' bureaux in destination planning and product development: A survey of Canadian bureaux[J]. Tourism Management, 1998, 19(4):331-340.

[56] YOUNG W B, MONTGOMERY R J. Crisis management and its impact on destination marketing: A guide for convention and visitors bureaus[J]. Journal of Convention and Exhibition Management, 1998, 1(1):3-18.

[57] MASBERG B A. Defining the tourist: Is it possible? A view from the convention and visitors bureau[J]. Journal of Travel Research, 1998, 37(1):67-70.

[58] MASBERG B A. What is the priority of research in the marketing and promotional efforts of convention and visitors bureaus in the United States? [J]. Journal of Travel and Tourism Marketing, 1999, 8(2):29-40.

[59] MORRISON A M, BRUEN S M, ANDERSON D J. Convention and visitor bureaus in the USA : A profile of bureaus, bureau executives, and budgets[J]. Journal of Travel and Tourism Marketing, 1998, 7(1):1-19.

[60] Weber K, Roehl W S. Service quality issues for convention and visitor bureaus [J]. Journal of Convention and Exhibition Management, 2001, 3(1):1-19.

[61] WEBER K. Meeting planners' use and evaluation of convention and visitor bureaus [J]. Tourism Management, 2001, 22(6):599-606.

[62] YUAN Y L, FESENMAIER D R. Preparing for the new tourism economy: The use of the internet and intranet in American convention and visitor bureaus[J]. Information Technology and Tourism, 2000, 3(2):71-85.

[63] YUAN Y L, GRETZEL U, FESENMAIER D R. Internet technology use by American convention and visitors bureaus [J]. Journal of Travel Research, 2003, 41(3):240-255.

[64] YUAN Y L, GRETZEL U, FESENMAIER D R. The role of information technology use in American convention and visitors bureaus[J]. Tourism Management, 2006, 27(2):326-341.

[65] WANG Y C, FESENMAIER D R. Identifying the success factors of web – based marketing strategy: An investigation of convention and visitors bureaus in the United States [J]. Journal of Travel Research, 2006, 44(3):239-249.

[66] FORD R C, PEEPER W C. The past as prologue: Predicting the future of the convention and visitor bureau industry on the basis of its industry[J]. Tourism Management, 2007, 28(4):1104-1114.

[67] GRETZEL U. Managing destination marketing organizations: The tasks, roles, and responsibilities of the convention and visitors bureau executive[J]. Annals

of Tourism Research, 2008, 35(4):1092-1093.

[68] LEE H R, MCKERCHER B, KIM S S. The relationship between convention hosts and professional conference organizers[J]. International Journal of Hospitality Management, 2009, 28(4):556-562.

[69] SU C J, BENJAMINP C Y. An internet based virtual exhibition system: Conceptual design and infrastructure[J]. Computers and Industry Engineering, 1998 (2): 615-618.

[70] GO F M, GOVERS R. The Asian perspective: Which convention destinations in Asia are the most competitive? [J]. Journal of Convention and Exhibition Management, 1999, 1(4):37-50.

[71] WEBER K. 会展旅游管理与案例分析[M]. 杨洋,杨颖,张洁新,等译. 沈阳:辽宁科学技术出版社,2005.

[72] BREITER D, MILMAN A. Attendee's needs and service priorities in a large convention center: Application of the importance - performance theory [J]. Tourism Management, 2006, 27(6):1364-1370.

[73] DECCIO C, BALOGLU S. Nonhost community resident reactions to the 2002 Winter Olympics: The spillover impacts[J]. Journal of Travel Research, 2002, 41(3): 46-56.

[74] GURSOY D, KIM K, UYSA M. Perceived impacts of festivals and special events by organizers: An extension and validation[J]. Tourism Management, 2004, 25:171-181.

[75] HEDE A M, JAGO L. Perceptions of the host destination as a result of attendance at a special event: A post - consumption analysis[J]. International Journal of Event Management, 2005, 1(1):1-12.

[76] GURSOY D, KENDALL K W. Hosting mega events: Modeling locals' support [J]. Annals of Tourism Research, 2006, 33(3):603-623.

[77] ROllINS R, DELAMERE T. Measuring the social impact of festivals[J]. Annals

of Tourism Research,2007,34(3):805-808.

[78] 沈丹阳.城市、政府与中国会展经济[M].北京:中国商务出版社,2008.

[79] 刘宗太. 中国发展会展经济存在的问题及对策[J]. 经济纵横,2001(2):15-18.

[80] 中国国际贸易促进委员会宣传出版中心. 中国展览年鉴[M]. 北京:航空工业出版社,2003.

[81] 马勇. 中国会展经济发展解读[J]. 经济地理,2002,22(3):293-296.

[82] 王晶. 会展旅游业中的政府职责[J]. 商业研究,2003(7):117-119.

[83] 杨开忠,李文亮. 政府在会展业中的作用[J]. 首都经济,2003(12):15-17.

[84] 谷玉芬.政府在发展会展旅游中的定位及作用[J].商业研究,2004(19):163-166.

[85] 徐瑛,杨开忠. 会展业发展中的政府职能[J]. 城市问题,2007(1):82-86.

[86] 杨祖义. 政府干预与我国会展业的发展[J]. 经济管理,2007(20):34-38.

[87] 徐爱萍,楼嘉军. 我国会展业发展中政府管理缺陷及原因分析[J]. 北京第二外国语学院学报,2008(1):75-79.

[88] 刘瑛.政府与市场:构建中国会展业竞争优势[J].科技信息,2008(35):228.

[89] 杨国川,杨国姝. 政府对会展业支持的国际比较研究[J]. 中央财经大学学报,2009(6):74-78.

[90] 李保俊,牛广轩. 政府在会展经济发展中的作用研究[J]. 金融经济,2009(24):20-21.

[91] 王颖,张辉.关于政府在会展经济中的定位思考[J].当代经济,2010(19):42-43.

[92] 金镝,王铁. 我国会展业现状分析及发展前景初探[J]. 中国软科学,2002(9):124-125.

[93] 梁艳君. 我国会展经济的发展现状及对策[J]. 商业研究,2004(9):136-137,154.

[94] 朱海森. 海外会展业空间布局的研究及启示[J]. 人文地理,2004(10):91-93.

[95] 徐锋,朱建新. 当代国际会展经济发展的趋势促进我国会展经济发展的对策[J]. 生产力研究,2004(2):117-118,126.

[96] 陈建斌. 会展中心的区位选择与发展对策[J]. 重庆工商大学学报,2003(3):102-104.

[97] 曾武佳. 新区域主义对现代会展的重要启示[J]. 经济学家,2005(5):123-125.

[98] 王云龙. 关于会展经济空间运动形式的分析——以北京、上海与广州三地为例[J]. 人文地理,2005(4):26-29,14.

[99] 曾武佳. 会展经济的区域特性分析[J]. 中国软科学,2006(3):50-54.

[100] 彭晓寒. 会展经济带动区域经济发展的路径分析[J]. 中国商界,2009(10):239,241.

[101] 胡斌,王春雷,胡蕊. 上海会展业 SWOT 分析及其发展目标对策探讨[J]. 人文地理,2004(4):33-36,21.

[102] 张铁,孙明贵. 上海会展经济效应发挥的 SWOT 分析和激发对策[J]. 江南论坛,2006(9):19-20.

[103] 戴冰,张培茵. 哈尔滨会展业品牌发展 SWOT 分析及对策研究[J]. 商业经济,2010(3):15-17.

[104] 戚能杰. 层次分析法在会展旅游城市竞争力评价中的应用[J]. 浙江万里学院学报,2007(2):25-27.

[105] 赵秀芳,赵萍. 城市会展业竞争力模糊综合评价研究[J]. 商场现代化,2007(19):352-353.

[106] 胡平. 基于钻石理论的会展业竞争力评价及其提升对策研究——以上海为例[J]. 旅游论坛,2009(1):114-119.

[107] 吴开军. 基于因子分析的城市会展旅游竞争力评价模型研究——以广州为例[J]. 工业技术经济,2009(6):84-87.

[108] 杨海英. 会展业战略联盟竞争力评价研究[J]. 中国商贸,2010(12):215-216.

[109] 张俐俐,周丽丽. 基于 GEM 模型的广州会展产业集群竞争力研究[J]. 商业研究,2010(5):140-144.

[110] 刘青. 中国会展场馆经营管理模式初探[J]. 特区理论与实践,2003(10):46-48,51.

[111] 杨旭,卓荣. 浅谈广州国际会展中心设计管理[J]. 南方建筑,2005(1):109-110.

[112] 胡晓蕾. 浅论中国会展场馆管理模式的构建[J]. 商场现代化,2005(30):67.

[113] 张宏,杨新军,赵荣,等. 内城旅游项目开发初探——英国伯明翰国际会议中心区的建设经验及其对我国启示[J]. 经济地理,2005,25(2):265-268,280.

[114] 施昌奎. 发达国家展览场馆运营管理模式及其启示[J]. 投资北京,2007(10):91-93.

[115] 何文才,谢琳琳,何清华. 大型会展场馆全寿命周期集成管理系统研究[J]. 华中科技大学学报:城市科学版,2008(2):59-63.

[116] 刘民坤. 论会展场馆的绿色管理——构建会展业的竞争优势[J]. 特区经济,2009(4):301-302.

[117] 莫伟斌. 大型会展场馆设备信息管理系统的建设与运行[J]. 经济师,2010(3):74-75.

[118] 陈心德,邱羚. 会展的时间管理和动态控制[J]. 商场现代化,2006(29):84-86.

[119] 胡平,杨杰. 会展业经济拉动效应的实证研究——以上海新国际博览中心为例[J]. 旅游学刊,2006,21(11):81-85.

[120] 戴光全,保继刚. 昆明世博会效应的定量估算:本底趋势线模型[J]. 地理科学,2007,27(3): 426-432.

[121] 孙元欣. 上海世博会展期参观者分布预测与应对[J]. 上海管理科学,2007(4):20-23.

[122] 许春晓,柴晓敏,付淑礼. 城市居民对重大事件的感知变化研究——2006 杭州世界休闲博览会期间的纵向研究[J]. 旅游学刊,2007,22(11):89-94.

[123] 应丽君. 会展项目营销中的四种定位策略探析[J]. 商场现代化,2006(14):126.

[124] 施谊. 浅论顾客满意度是衡量会展项目成功的重要标准[J]. 商场现代化,2007(10):15-16.

[125] 郭慧萍,刘洋. 基于顾客忠诚的会展项目营销策略探讨[J]. 现代经济信

息,2009(10):115-116.

[126] 吴虹,王育军,张锋. 关于昆明市会展项目成功性标准的研究与分析[J]. 物流工程与管理,2009(5):101-103.

[127] 杨顺勇,徐烜. 基于层次分析法的会展项目成功度评估研究[J]. 上海应用技术学院学报:自然科学版,2010(1):34-37.

[128] 库瑞. 关于我国会展产业发展模式的选择与实施[J]. 理论导刊,2008(6):97-99.

[129] 罗永泰. 借鉴国外会展经济的成功模式促进我国现代城市发展[J]. 城市,2002(4):37-40.

[130] 王春雷. 中国会展旅游发展的优化模式构建[J]. 旅游学刊,2002(2):44-48.

[131] 王保伦. 会展旅游发展模式之探讨[J]. 旅游学刊,2003(1):35-39.

[132] 郭峦. 城市会展业与旅游业的整合发展战略模式[J]. 商业时代,2007(25):82-84.

[133] 梁留科,曹新向,孙淑英. 会展旅游的理论及其案例研究[J]. 经济地理,2004,24(1):115-118.

[134] 鞠航,田金信,万立君,等. 城市会展产业的发展布局与创新模式研究[J]. 中国软科学,2006(11):131-136.

[135] 郑昌江,成雪. 优化我国会展业发展模式的对策[J]. 经济研究导刊,2007(5):193-194.

[136] 梁雪松. 会展模式与对外贸易健康发展的问题透析——关于广交会的现状与发展分析[J]. 国际经贸探索,2008(5):50-53.

[137] 刘松萍. CEPA 下粤港澳会展业联动发展模式探析[J]. 特区经济,2008(9):34-35.

[138] 郭巍. 中国会展业运作模式的现状及创新[J]. 昆明理工大学学报:社会科学版,2009(10):54-58.

[139] 胡田. 上海会展旅游发展模式探析[J]. 生态经济,2010(1):118-120.

[140] 周晓唯,惠李. 地方政府合作机制下的品牌会展发展模式研究[J]. 发展研

究,2010(7):54-59.

[141] 王小兵. 城市会展业发展模式及政策选择[J]. 青岛科技大学学报:社会科学版,2010(3):38-42,48.

[142] 金辉. 国际旅游院校会展教育的现状和我国的差距[J]. 旅游科学,2003(1):5-9.

[143] 马勇,肖轶楠. 我国会展专业的课程设置与人才培养[J]. 旅游科学,2005,19(1):75-78.

[144] 刘大可. 中国高等会展教育发展态势分析[J]. 北京第二外国语学院学报:旅游版,2006(5):81-84.

[145] 肖红艳. 美国会展管理专业的教育模式及其对中国的启示[J]. 内蒙古财经学院学报:综合版,2010(2):13-19.

[146] 何文举. 论我国会展经济与城市聚集经济的耦合性与互动性[J]. 湖南商学院学报,2003(6):31-33.

[147] 张小月,肖雄. 会展产业与我国城市互动发展研究[J]. 北方经济,2006(18):91-92.

[148] 陈柳钦. 会展经济与城市发展的协调互动[J]. 上海市经济管理干部学院学报,2008(3):33-39.

[149] 陈仲球. 关于会展业与城市产业发展的互动效应分析[J]. 经济与社会发展,2008(6):27-30.

[150] 马勇,陈静. 会展与酒店业互动发展研究[J]. 桂林旅游高等专科学校学报,2004(2):50-53.

[151] 陈玲. 会展业与酒店业的服务体系互动影响研究[J]. 江苏商论,2008(7):30-32.

[152] 刘桂芬. 关于东莞会展业与酒店业互动发展的探析[J]. 才智,2009(11):247-248.

[153] 肖红艳. 会展业与酒店业互动关系与发展模式探讨[J]. 经济论坛,2009(23):116-119.

[154] 王雅静. 会展与酒店业互动发展支撑体系研究——以济南为例[J]. 中国商界,2010(12):177-178.

[155] 于永海,孔庆馥. 杭州会展业与旅游业的互动发展研究[J]. 商场现代化,2009(32):62-63.

[156] 李淼焱. 如何实现沈阳会展业与旅游业互动发展[J]. 商业时代,2005(12):79-80.

[157] 皮平凡,林艳. 会展业与旅游业的互动模式探析[J]. 商讯商业经济文荟,2005(5):19-20,62.

[158] 郭蔓,傅云新. 试论会展与旅行社互动发展[J]. 桂林旅游高等专科学校学报,2006(3):323-325,379.

[159] 王磊磊. 从会展业与旅游业的互动角度论会展旅游[J]. 济南职业学院学报,2007(5):12-14.

[160] 姚厚忠. 打造厦门会展、旅游、商贸互动平台的对策研究[J]. 经济论坛,2009(5):64-66.

[161] 叶莉. 湖南会展业与产业基础的互动关系分析[J]. 湖南商学院学报,2007(5):44-46.

[162] 李生校,朱志胜,范羽佳. 会展经济发展与专业市场成长——互动机制及越商个案分析[J]. 绍兴文理学院学报:哲学社会科学版,2010(1):1-5.

[163] 乐仁油,高松龄. 体育会展与体育用品产业集群互动研究[J]. 体育文化导刊,2011(2):52-54.

[165] GOLDBLATT J. Special events: Twenty-first century global event management [M]. Third Edition. New York: John Wiley and Sons, 2002.

[166] 马勇,王春雷. 会展管理的理论、方法与案例[M]. 北京:高等教育出版社,2002.

[167] 刘大可. 会展经济学[M]. 北京:高等教育出版社,2005.

[168] 向国敏. 会展实务[M]. 北京:高等教育出版社,2003.

[169] 孙明贵. 会展经济学[M]. 北京:机械工业出版社,2006.

[170] 冯云廷. 城市经济学[M]. 大连:东北财经大学出版社,2005.

[171] 杨宏山. 城市管理学[M]. 北京:中国人民大学出版社,2009.

[172] O'SULLIVAN A. 城市经济学[M]. 苏晓燕,常荆莎,朱雅丽,等译. 北京:中信出版社,2003.

[173] 安虎森. 区域经济学通论[M]. 北京:经济科学出版社. 2004.

[174] 陈强,尤建新. 现代城市管理学概论[M]. 上海:上海交通大学出版社,2008.

[175] MUNFORD L. 城市发展史:起源、演变和前景[M]. 倪文彦,宋俊岭,译. 北京:中国建筑工业出版社,1989.

[176] 埃比尼泽·霍华德. 明日的田园城市[M]. 金经元,译. 北京:商务印书馆,2000.

[177] 尤建新. 现代城市管理学[M]. 北京:科学出版社,2004.

[178] WARNER M. 管理思想全书[M]. 韦福祥,译. 北京:人民邮电出版社,2009.

[179] 李柏洲,郭涛,孙冰. 管理学[M]. 哈尔滨:哈尔滨工程大学出版社,2010.

[180] 程建权. 城市系统工程[M]. 武汉:武汉大学出版社,2001.

[181] 雷·斯潘根贝格,黛安娜·莫泽. 科学的旅程[M]. 郭奕玲,陈蓉霞,沈慧君,译. 北京:北京大学出版社,2008.

[182] 周伟林,严冀,郝前进,等. 城市经济学[M]. 上海:复旦大学出版社,2004.

[183] Fujita M,HU D. Regional disparity in China 1985 ~ 1994: The effects of globalization and economic liberalization[J]. The Annals of Regional Science, 2001,35:3-37.

[184] AU C C, VERNON H. How migration restrictions limit agglomeration and productivity in China? [R]. Rhode Island:Brown University, 2002.

[185] KRUGMAN P. A dynamic spatial model[R]. Cambridge, MA:NBER,1992.

[186] MOHAB G, AKIYAMA M, FUJIWARA J. Factor mobility and regional growth [J]. Review of Economics and Statistics, 1978, 60:78-84.

[187] SELIGMAN B. 现代经济学主要流派[M]. 贾拥民,译. 北京:华夏出版社,2010.
[188] 李子奈,叶阿忠. 高等计量经济学[M]. 北京:清华大学出版社,2000.
[189] EVANS M K. 管理者宏观经济学[M]. 陈彦斌,郭杰,译. 北京:中国人民大学出版社,2010.
[190] 靳庭良. 单位根检验程序的改进研究[M]. 成都:西南财经大学出版社,2006.
[191] 张晓峒. 应用数量经济学[M]. 北京:机械工业出版社,2009.
[192] MURRAY M P. 现代计量经济学[M]. 费建平,译. 北京:机械工业出版社,2009.
[193] STUDENMUND A H. 应用计量经济学[M]. 王少平,杨继生,刘汉中,等译. 北京:机械工业出版社,2007.
[194] INTRILIGATOR M D, BODKIN R G, CHENG H. 经济计量模型、技术与应用[M]. 李双杰,张涛,译. 北京:中国社会科学出版社,2004.
[195] 颜泽贤,范冬萍,张华夏. 系统科学导论——复杂性探索[M]. 北京:人民出版社,2006.
[196] 朴昌根. 系统学基础[M]. 上海:上海辞书出版社,2005.
[197] 谭跃进,高世楫,周曼殊. 系统学原理[M]. 长沙:国防科技大学出版社,1996.
[198] Arnold V I. 突变理论[M]. 周燕华,译. 北京:高等教育出版社,1990.
[199] 许国志,顾基发,车宏安. 系统科学[M]. 上海:上海科技教育出版社,2000.
[200] 阿尔伯特·爱因斯坦. 爱因斯坦文集:第一卷[M]. 北京:商务印书馆,1976.
[201] 尚涛,冯宗宪. 企业理论主要流派的整合:基于复杂系统的角度[J]. 经济学家,2007(5):91.
[202] 成思危. 复杂性科学探索[M]. 北京:民主与建设出版社,1999.
[203] 苗东升. 论复杂性[J]. 自然辩证法通讯,2002(6):87-92.

[204] 司马贺. 人工科学:复杂性面面观[M]. 武夷山,译. 上海:上海科技教育出版社,2004.

[205] 许国志. 系统科学与工程研究[M]. 2 版. 上海:上海科技教育出版社,2001.

[206] BERTALANFFY L V. General system theory: Foundations, development and applications[M]. New York: George Braziller, Inc. ,1973.

[207] 崔霞,戴汝为. 以人为中心的综合集成研讨厅体系——人工社会[J]. 复杂系统与复杂性科学,2006,3(2):1-8.

[208] SCHNEIDER M, SOMERS M. Organizations as complex adaptive systems: Implications of complexity theory for leadership research[J]. The Leadership Quarterly,2006,17:351-365.

[209] 王众托. 系统工程引论[M]. 3 版. 北京:电子工业出版社,2006.

[210] 罗秋菊,李晓莉. 会展与酒店效益及配置关系研究——以中国出口商品交易会(广交会)为例[J]. 旅游科学,2005,19(2):66-70.

[211] ANGE A P. 系统工程导论[M]. 胡保生,彭勤科,译. 西安:西安交通大学出版社,2006.

[212] 陈宏民. 系统工程导论[M]. 北京:高等教育出版社,2006.

[213] 郭齐胜,杨秀月,王杏林,等. 系统建模[M]. 北京:国防工业出版社,2006.

[214] CAMERON A C,TRIVEDI P K. 微观经济计量学——方法与应用[M]. 王忠玉,译. 上海:上海财经大学出版社,2010.

[215] BOSE R. 信息论、编码与密码学[M]. 2 版. 武传坤,李徽,译. 北京:机械工业出版社,2010.

[216] 姜丹. 信息论与编码[M]. 2 版. 合肥:中国科学技术大学出版社,2004:7-20.

[217] 亚当·斯密. 国民财富的性质和原因的研究[M]. 郭大力,王亚南,译. 北京:商务印书馆,1979.

[218] 卡尔·亨利希·马克思. 资本论:第 1 卷[M]. 中共中央马克思恩格斯列宁斯大林著作编译局,译. 北京:人民出版社,1975.

[219] 卡尔·亨利希·马克思,弗里德里希·冯·恩格斯. 马克思恩格斯选集:第3卷[M]. 中共中央马克思恩格斯列宁斯大林著作编译局,译. 北京:人民出版社,1995.

[220] 于渤,叶元煦. 中国能源可持续利用评价[J]. 中国能源,1999(3):19-21.

[221] BALCHIN P N,ISAAC D,CHEN J. 全球视角中的城市经济[M]. 刘书瀚,孙钰,译. 长春:吉林人民出版社,2003.

[222] 陈云风,武永祥,张园. 中国城市化进程中土地集约利用的系统动力学模型[J]. 建筑管理现代化,2008(5):13-16.

[223] 卡尔·亨利希·马克思,弗里德里希·冯·恩格斯. 马克思恩格斯全集:第23卷[M]. 郭大力,王亚南,译. 北京:人民出版社,1972.

[224] RODRIK D. 探索经济繁荣:关于经济增长的描述性分析[M]. 张宇,译. 北京:中信出版社,2009.

[225] 杨建文. 产业经济学[M]. 上海:上海社会科学院出版社,2008.

[226] 马勇,冯玮. 会展管理[M]. 北京:机械工业出版社,2007.

[227] ANDERSEN P H. Relationship marketing and brand involvement of professionals through web-enhanced brand communities: The case of Coloplast[J]. Industrial Marketing Management,2005,34:39-51.

[228] LAURIDS H, THOMAS R. Business relationships on different waves: Paradigm shift and marketing orientation revisited. [J]. Industrial Marketing Management,2005,34:714-721.

[229] RENÉE J F, MICHAEL R H. The antitrust implications of relationship marketing[J]. Journal of Business Research,2004,57:1211-1221.

[230] GIJSBERT B W. Relationship marketing and consumers: A social dilemmas approach[J]. Journal of Market Focused Management,1999(3):223-255.

[231] JOHANSEN S. Statistical analysis of cointegration vectors[J]. Journal of Economic Dynamics and Control, 1988, 12(2~3): 231-254.

[232] ENGLE R F, GRANGER C W J. Cointegration and error correction: Represen-

tation, estimation and testing[J]. Econometrica, 1987, 55(2): 251-276.

[233] JOHANSEN S. Estimation and hypothesis testing of cointegration vectors in Gaussian vector autoregressive models[J]. Econometrica, 1991, 59(6): 1551-1580.

[234] 王要武,金海燕. 我国房地产宏观调控政策效果的实证分析[J]. 土木工程学报,2008(8):105-111.

[235] 高景峰,赵万杰. 中国建筑产业增长与经济发展分析[J]. 建筑管理现代化,2008(2):1-3.

[236] 苗辉,李红霞. 对外贸易与新疆经济增长关系实证分析[J]. 哈尔滨商业大学学报:社会科学版,2009(3):43-47.

[237] 张立辉. 中国农产品出口与经济增长的实证分析[J]. 哈尔滨商业大学学报:社会科学版,2008(5):62-65.

[238] 胡宝华. 中国机电产品对外贸易与中国经济增长——基于 1985 ~ 2006 年数据的协整分析[J]. 宁波大学学报:人文科学版,2009(5):92-96.

[239] MUNKRES J R. 拓扑学[M]. 熊金城,吕杰,谭枫,译. 2 版. 北京:机械工业出版社,2006.

[240] 刘正君. MATLAB 科学计算与可视化仿真宝典[M]. 北京:电子工业出版社,2009.

[241] LAMBERT T. 核心管理模式:解决高层管理问题的 50 种前沿模式[M]. 原毅军,译. 大连:大连理工大学出版社,1999.

[242] 张庆普,胡运权. 城市生态经济系统耗散结构特征和演化研究[J]. 系统工程理论方法应用,1993(2):37-41,79.

[243] PERRON P. Testing for a unit root in a time series with a changing mean [J]. Journal of Business and Economic Statistics, 1990, 8: 153-162.

[244] PERRON P, VOGELSANG T J. Nonstationarity and level shifts with an application to purchasing power parity [J]. Journal of Business and Economic Statistics, 1992, 10: 301-320.

[245] CATI R C, GARCIA M, PERRON P. Unit roots in the presence of abrupt gov-

ernmental interventions with an application to Brazilian data[J]. Journal of Applied Econometrics,1999,14:27-56.

[246] YONG K J. Detection of change in persistence of a linear time series[J]. Journal of Econometrics,2000,95:97-116.

[247] KILIAN L, OHANIAN L. Unit roots, trend breaks and transitory dynamics: A macroeconomic perspective [J]. Macroeconomic Dynamics,2002,6:614-631.

[248] DARNÉ O, DIEBOLT C. Unit roots and infrequent large shocks: New international evidence on output [J]. Journal of Monetary Economics,2004,51:1449-1465.

[249] 栾惠德. 带有结构突变的单位根检验——文献综述[J]. 数量经济技术经济研究,2007(3):152-160.

[250] 聂巧平,叶光. 单发线性结构突变对 DF 单位根检验的影响分析——"Perron 现象"的进一步研究[J]. 统计研究,2008,25(9):71-79.

[251] ZIVOT E, AANDREWS D. Further evidence on the great crash, the oil－price shock and the unit－root hypothesis[J]. Journal of Business and Economic Statistics, 1992, 10:251-270.

[252] BANERJEE A, LUMSDAINE R L, STOCK J H. Recursive and sequential tests of the unit root and trend－break hypothesis: Theory and international evidence [J]. Journal of Business and Economic Statistics,1992,10:271-287.

[253] 张晓峒. Eviews 使用指南与案例[M]. 北京:机械工业出版社,2007.

[254] LANNE M, LÜTKEPOHL H, SAIKKONEN P. Test procedures for unit roots in time series with level shifts at unknown time [J]. Oxford Bulletin of Economics and Statistics,2003,65(1):91-115.

[255] 杜荣. 我国对外贸易政策 60 年变迁探析[J]. 经济纵横,2009(8):44-47.

[256] KRUGMAN P, VENABLES A J. Globalization and the inequality of nations [J]. Quarterly Journal of Economics,1995,110:857-880.

[257] ROMER P M. Increasing returns and long run growth[J]. Journal of Political Economy,1986,94(5):1002-1037.

[258] BARRO R J. Economic growth in a cross section of countries[J]. Quarterly Journal of Economics,1991,106(20):407-443.

[259] SOLOW R M. A contribution to the theory of economic growth[J]. Quarterly Journal of Economics,1956,70(1):65-94.

[260] LUCAS R E. Making a miracle[J]. Econometrica,1993,61(2):251-272.

[261] BALDWIN R E, RIDARD F R. The core - periphery model and endogenous growth: Stabilising and destabilising Integration[J]. Economica,2000,67:307-324.

[262] RYALS L, KNOX S. Cross-functional issues in the implementation of relationship marketing through customer relationship management[J]. European Management Journal,2001,19(5):534-542.

[263] GEOGE M, ZINKNAN. Relationship marketing: Theory and implementation [J]. Journal of Market Focused Management,2002(5):83-89.

[264] 李士勇. 非线性与复杂性科学[M]. 哈尔滨:哈尔滨工业大学出版社,2006.

[265] ROSEN K H. 离散数学及其应用[M]. 5 版. 袁崇义,屈婉玲,王捍贫,等译. 北京:机械工业出版社,2007.

后 记

城市会展经济系统是一个影响因素众多、具有典型非线性特征的复杂系统，对全部相关因素的分析论证是城市会展经济理论和实证研究的永恒主题，也是一个长期的探索过程和复杂的艰巨任务。囿于认识的有限性，对城市会展经济系统的动态特征进行描述目前缺乏完整而有效的理论框架，加上统计数据匮乏且口径不一，因而对其长期的动态发展作出全面科学的认识是一个相当巨大的挑战。本书是在我的博士学位论文的基础上补充修改而成的，尽管其中取得了一些令人欣慰的成果，但由于还存在相当多的影响因素其量化处理受到客观条件的制约而难以实现，故本书中的部分观点和结论仍需进一步检验和完善。

本书即将付梓之际，我要深深感谢我的导师田金信教授。科学探索充满艰辛，在茫然困惑不知所措时，他的远见卓识和精心指导总能令我鼓足勇气、充满信心，时时体验柳暗花明带来的惊喜。他的言传身教使我终生受益，他的勉励与教诲，帮助与信任令我永远难忘，他与师母精心照料的满园桃李想起来都是那么的亲切。本书的顺利完成，得到哈尔滨工业大学管理学院领导、老师、博士生同学以及社会各界朋友们的热情帮助和大力支持，在这里对他们致以衷心的感谢和诚挚的祝福！更要感谢我的父母、妻子和孩子，他们始终是我不断前进的动力和创新灵感的源泉。

由于学识肤浅，书中难免疏漏，恳请读者批评指正。

叶凯

2012 年 12 月于哈尔滨